V

EBERHARD JÜNGEL

Anfänger

Herkunft und Zukunft
christlicher Existenz

Zwei Texte

RADIUS

Eberhard Jüngel, geboren 1934 in Magdeburg, Professor für Systematische Theologie und Religionsphilosophie und Direktor des Instituts für Hermeneutik an
der Universität Tübingen, ist Ephorus des Evangelischen Stifts in Tübingen. Seit
2003 Leiter der Forschungsstätte der Evangelischen Studiengemeinschaft in Hei-
delberg. Mitglied des Ordens Pour le mérite für Wissenschaften und Künste und
mehrerer in- und ausländischer wissenschaftlicher Akademien.

Im Radius-Verlag liegen weitere folgende Bücher des Autors vor

Beziehungsreich. Perspektiven des Glaubens
sowie seine Predigtbände
… weil es ein gesprochen Wort war … Predigten 1
Geistesgegenwart. Predigten 2
Schmecken und Sehen. Predigten 3
Unterbrechungen. Predigten 4
… ein bißchen meschugge … Predigten 5

ISBN 3-87173-275-3
Copyright © 2003 by RADIUS-Verlag GmbH Stuttgart
Umschlag: André Baumeister
Gesamtherstellung: Clausen & Bosse, Leck
Printed in Germany

IOANNI ARMINIO BARTHOLOMAEO
ROBERTO FACILI
VIRIS PROBATIS
INCEPTORIBUSQUE

Aller Anfang ist schwer, anfangen können noch schwerer. Denn das Vermögen, einen Zustand von selbst anzufangen, ist nach der gelungenen Definition Immanuel Kants das Wesen der Freiheit. Und wer ist schon wirklich frei und in diesem Sinne ein ursprünglicher Anfänger? Uneingeschränkt wird man das nur von Gott behaupten können. Von Hause aus ist Freiheit ein Gottesprädikat: in seiner Kreativität ist Gott der eigentliche Anfänger.

Doch Gott hat das herrliche Vermögen, anfangen zu können, nicht für sich selbst reserviert. Seine Freiheit ist befreiende Freiheit und macht auch uns Menschen zu echten Anfängern. Anfangen können kennzeichnet deshalb den Gott entsprechenden Menschen: er ist ein anfänglicher Mensch. Vom Ereignis befreiender Freiheit kommt er her, und das kommende Reich der Freiheit ist sein Ziel, so daß auch am »Ende der Dinge« der Anfang wartet. Von jener Herkunft und dieser Zukunft handeln die beiden hier mitgeteilten Texte. Der erste wurde vor wenigen Wochen auf dem Ökumenischen Kirchentag, der andere wurde – in etwas anderer Fassung – auf einem früheren Evangelischen Kirchentag in Berlin vorgetragen.

Tübingen, im Juni 2003   Eberhard Jüngel

7

Befreiende Freiheit –
als Merkmal
christlicher Existenz

Freiheit – ein großes Wort! Und doch schrecklich mißbrauchbar und immer wieder schrecklich mißbraucht!

Für die Freiheit haben Menschen ihr Leben gelassen, nicht unbedingt gern, aber tapfer. Doch im Namen der Freiheit mußten auch Menschen ihr Leben lassen, die ein unsicheres Leben in Unfreiheit dem sicheren Tod allemal vorgezogen hätten. Um der Freiheit willen sind Menschen auf die Barrikaden gestiegen. Und im Namen der Freiheit wurden ganze Völker geknechtet. Ja, es gibt – und das ist verwirrender noch – sogar wirkliche Befreiungen, die doch nur erneute Unfreiheit erzeugen. Als die »ruhmreiche Rote Armee« 1945 Berlin eroberte und der braunen Diktatur ein Ende machte, hatten die Deutschen Grund, die sowjetischen Befreier dankbar zu begrüßen. Indessen, im Gefolge der Befreiung von der nationalsozialistischen Diktatur zog eine neue Diktatur ein, die nur von wenigen begrüßt, von vielen hingegen zähneknirschend erlitten, wenn nicht laut oder leise verflucht wurde. Befreiung ohne nachfolgende Freiheit? Doch warum in die Ferne längst vergangener Zeiten schweifen! Als die USA und Großbritannien in den Irak einmarschierten, haben auch sie einer grausamen Diktatur ein Ende gemacht. Das war gut. Doch ob die Freiheit, unsere westliche, im Zeichen von Säkularisation und Pluralismus stehende Freiheit, die im Gefolge dieser Befreiung nun wohl bei den Muslimen Einzug halten wird, von diesen ihrerseits als ein herrliches Geschenk oder nicht eher als ein Danaergeschenk angesehen und erfahren wird – das darf zumindest gefragt werden.

Freiheit – ein großes, aber überaus ambivalentes Wort! Vergleichbar dem Wort Gott, über das Martin Buber ernüchtert notierte: »Welches Wort der Menschensprache ist so mißbraucht, so befleckt, so geschändet worden wie dieses! All das schuldlose Blut, das um es vergossen wurde, hat ihm seinen Glanz geraubt. All die Ungerechtigkeit, die zu decken es herhalten mußte, hat ihm sein Gepräge verwischt.«

Also auf das Wort Freiheit verzichten? Und dann auch gleich noch auf das Wort Gott? Martin Buber hat diese Konsequenz nicht gezogen. Er hat sie vielmehr für einen gefährlichen Kurzschluß gehalten. Seine Überlegungen zum Wort Gott laufen auf das genaue Gegenteil hinaus. Buber notierte weiter: »Ja, … es ist das beladenste aller Menschenworte. Keines ist so besudelt, so zerfetzt worden. [Doch:] Gerade deshalb darf ich darauf nicht verzichten.«[1]

---

[1] *M. Buber*, Gottesfinsternis, in: *ders.*, Werke, Bd. 1: Schriften zur Philosophie, 1962, 503–603, 508f.

Dasselbe gilt auch für das Wort Freiheit. Seinem Mißbrauch und seiner Mißbrauchbarkeit kann man nur durch rechten Gebrauch dieses Wortes entgegenwirken. Und nicht nur durch den rechten Gebrauch des Wortes, sondern vor allem durch den rechten Gebrauch der Freiheit selbst. Denn die Freiheit ist da – allem Mißbrauch derselben zum Trotz. Ja, man kann sie überhaupt nur mißbrauchen, weil sie schon da ist. Vielleicht noch in einiger Ferne. Aber selbst dann ist sie da. Und macht sich bemerkbar, signalisiert, daß sie näher kommt – so wie in Beethovens Fidelio ein fernes, aber unüberhörbares Trompetensignal den Gefangenen zu verstehen gibt: Es gibt einen souveränen Indikativ der Freiheit. Und dieser Indikativ der Freiheit wird sich durchsetzen. Die Freiheit wird siegen – allen ihren Niederlagen zum Trotz.

Eine kühne Behauptung? Eine allzu kühne Behauptung? In der Tat: eine weltliche Gewißheit gibt es dafür nicht. Die Behauptung, daß die Freiheit schon da ist und daß sie siegen wird, entspringt vielmehr der Gewißheit des christlichen Glaubens: des Glaubens, daß Gott selbst für die Freiheit einsteht. Denn der christliche Glaube lebt davon, daß Jesus Christus, wahrer Gott und wahrer Mensch, für unsere Freiheit gestorben und um unserer Freiheit willen auferweckt worden ist von den Toten. Es ist österliche Gewißheit, daß Gott selber nicht nur der Inbegriff aller Freiheit ist, sondern daß er seine unendliche Freiheit dazu gebraucht, uns Menschen aus unserer selbstverschuldeten Unfreiheit zu befreien. In der Person Jesu Christi – in ihr ist die Freiheit da. Der von den Toten auferstandene Christus – er ist frei und macht frei, er ist die befreiende Freiheit in Person.

Und weil der christliche Glaube von dieser Gewißheit lebt, deshalb ist unter allen Religionen das Christentum, wie Hegel pointiert formuliert hat, die Religion der Freiheit. Schon Melanchthon hatte es lapidar erklärt: »Freiheit – das ist das Christentum«.[2]

Über die österliche Gewißheit, daß die Freiheit siegen wird, möchte ich nachdenken. Und ich möchte das so tun, daß deutlich wird, was das überhaupt ist: Freiheit. Und warum Gott und Gott allein der im ursprünglichen Sinne Freie genannt zu werden verdient. Aber auch was es mit unserer eigenen Freiheit und mit unserer selbstverschuldeten Unfreiheit auf sich hat, muß zur Sprache kommen, wenn wir begreifen wollen, daß wir von Gottes befreiender Freiheit abhängig sind. Jawohl, abhängig! Denn auch das gilt es herauszuarbeiten, daß wahre Freiheit keineswegs der Feind einer authentischen Abhängigkeit ist. Wer in der Hand eines anderen Menschen ist, der muß, um frei zu werden, sich emanzipieren. Denn das besagt das Wort emanzipieren: sich von der beherrschenden Hand eines Anderen befreien. Doch wer in der Hand Gottes ist, der ist bereits in einer jeder Emanzipation zuvorkommenden Weise ein freier Mensch.

---

[2] Vgl. *Ph. Melanchthon*, Loci communes. 1521, Werke in Auswahl, Bd. II/1, ²1978, 148.

Wir fragen zuerst danach, was das eigentlich ist: Freiheit. Wir erörtern sodann, warum und inwiefern der Mensch seine Freiheit verwirken kann. Und wir bedenken abschließend, wie Gott dem in selbstverschuldeter Unfreiheit existierenden Menschen aufs neue Freiheit zuspielen kann.

I. Freiheit – was ist das?

Freiheit! Wenn sie sich ereignet, dann wird eine Welt auf den Kopf gestellt.

Du bist frei. »Wenn ich das glauben könnte, ... würde ich vor Freude auf dem Kopf gehen; es würde mir eitel Zucker und Gold sein«.[3] So Luther (in einer am 19. Oktober 1533 gehaltenen Predigt) zu seinen Wittenbergern.

Lassen wir Zucker und Gold lieber beiseite! Nichts gegen Gold und Geld! »Gold und Silber lieb ich sehr, kann's auch gut gebrauchen ...« Hans Eichel, unser aller Finanzminister, könnte angesichts leerer Staatskassen wohl ein Lied davon singen. Geld zu haben, das wissen wir, beruhigt. Und Geld vernünftig auszugeben, ist eine gesellschaftspolitische Chance, die zu nutzen unsere Politiker verpflichtet sind. Gold, Geld – man kann viel Gutes damit anfangen.

Aber glücklich macht Geld nicht. Vom Zucker ganz zu schweigen. Wer zuviel davon im Blut hat, ist eher unglücklich.

---

[3] Vgl. *M. Luther*, WA 37, 176, 5-8.

Luther wollte aber gerade das überwältigende Glück zum Ausdruck bringen, das dem widerfährt, dem das Ereignis befreiender Freiheit widerfährt. Und dafür ist das Bild vom auf dem Kopf stehenden oder gehenden Ich nun wirklich zutreffend. Der tiefsinnige, aus dem Tübinger Stift hervorgegangene Philosoph Georg Wilhelm Friedrich Hegel (nebenbei bemerkt: aus dem Tübinger Stift gehen noch immer tiefsinnige Köpfe hervor) hat sich ganz ähnlich ausgedrückt, als er die durch die Französische Revolution ausgelöste Freiheitserfahrung beschrieb: »So lange die Sonne am Firmamente steht und die Planeten um sie herum kreisen, war das nicht gesehen worden, daß der Mensch sich auf den Kopf, das ist auf den Gedanken stellt, und die Wirklichkeit nach diesem erbaut. ... Es war dieses somit ein herrlicher Sonnenaufgang.«[4]

In unseren Kindertagen haben wohl die meisten von uns aus lauter Übermut sich selber ab und zu auf den Kopf gestellt und dann die Welt durch die Beine hindurch angeschaut. Und siehe da, sie sah recht anders aus als zuvor. Die Farben leuchten intensiver. Und die Proportionen zwischen vorn und hinten, oben und unten, die Proportionen zwischen den Dingen, die Weltverhältnisse stellen sich anders dar als zuvor. Dem Kind macht das Spaß. Doch der Erwachsene will mehr als nur Spaß. Ein frei gewordener Mensch sieht die Welt nicht nur anders an als zuvor.

---

[4] *G.W.F. Hegel*, Vorlesungen über die Philosophie der Geschichte, S.W. Jubiläumsausgabe, Bd. 11, hg. von *H. Glockner*, ⁴1961, 557.

Er will seine neue Welt-Sicht auch realisieren. Er will die alte Welt so umbauen und umgestalten, daß sie seiner neuen Welt-Sicht immer ähnlicher wird. So nur macht er von seiner Freiheit rechten Gebrauch. Ja so erwirbt er sie immer wieder neu. Goethes Faust hat so Unrecht nicht:

»Das ist der Weisheit letzter Schluß:
Nur der verdient sich Freiheit wie das Leben,
der täglich sie erobern muß.«[5]

Ein freier Mensch ist so frei, etwas anzufangen mit sich und mit seiner Welt, um dann wie der alte Faust »auf freiem Grund mit freiem Volke«[6] zu stehen.

Ein freier Mensch ist so frei, etwas anzufangen – in diesem schlichten Satz steckt eine solenne Definition dessen, was in Wahrheit Freiheit genannt zu werden verdient. Immanuel Kant hat es auf den Begriff gebracht. Freiheit, so der Königsberger, ist »das Vermögen, einen Zustand von selbst anzufangen«.[7]

Doch wer kann das wirklich: einen Zustand von selbst anfangen? Ganz von selbst? Ohne fremde Hilfe? Wer kann in ursprünglicher Weise anfangen, ohne an irgend etwas anzuknüpfen? Wer also ist wirklich uneingeschränkt frei?

Der christliche Glaube ist so nüchtern, daß er weiß: in ursprünglicher Weise anfangen, ohne fremde Hilfe

---

[5] *J.W. von Goethe*, Faust II, 11574-11576, Goethes Werke, hg. im Auftrage der Großherzogin Sophie von Sachsen, Abt. I, Bd. 15/1, 1888, 315f.

[6] *J.W. von Goethe*, Faust II, 11580, aaO., 316.

[7] *I. Kant*, Kritik der reinen Vernunft, B 561, Werke in sechs Bänden, hg. von *W. Weischedel*, Bd. 2, 1966, 488.

und ohne an etwas Vorgegebenes anzuknüpfen, also mit nichts etwas anfangen – das kann nur Gott allein. Uneingeschränkt frei – das ist Gott allein. Denn er und nur er kann aus nichts, ex nihilo, etwas machen.

Doch Gott kann das nicht nur. Er kann nicht nur mit nichts etwas anfangen. Er tut es auch. Vielmehr: er hat es getan. Wenn wir unseren Glauben an Gott den Schöpfer bekennen, dann bringen wir damit genau dies zum Ausdruck: daß Gott mit nichts angefangen, daß er in ursprünglicher Weise angefangen hat und daß eben dies seine Freiheit ist, die mir und meinen Mitgeschöpfen gilt. Mit Luther: »Ich glaube, daß mich Gott geschaffen hat samt allen Kreaturen«. Gottes Freiheit ist eminent schöpferisch. Und was wir, wenn wir es von einem Menschen sagen, eher nachsichtig meinen, das muß man von Gott voller Staunen und Bewunderung sagen: er, Gott, ist ein, er ist der ursprüngliche Anfänger. Er ist der Anfänger schlechthin.

Und wir? Wie steht es mit unserer menschlichen Freiheit?

Nicht zum besten – wenn man dem Urteil der heiligen Schrift trauen darf. Zwar ist der zum Ebenbild Gottes geschaffene Mensch seinerseits dazu bestimmt, im guten Sinne des Wortes ein Anfänger zu sein und immer wieder zu werden. Zwar will der freie Gott freie Menschen, damit er ihnen und sie ihm in Freiheit, also ganz und gar ungezwungen begegnen können. Denn dazu hat er uns ja geschaffen: daß wir mit ihm zusammenkommen, und zwar gern zusammenkommen. Und deshalb ist – wie Augustinus[8] pointiert formuliert hat – unser Herz auf Erden solange unruhig, bis wir mit Gott ungehindert und vorbehaltlos zusammengekommen sind und bei ihm Ruhe finden: schöpferische Ruhe, aus der dann freilich wieder neue Anfänge hervorgehen.

Eia, wär'n wir da! Doch die Verhältnisse, die sind nicht so. Und sie sind deshalb nicht so, weil wir Menschen, weil wir sündigen Menschen verhältnislos existieren. Verhältnislos im doppelten Sinne des Wortes, nämlich maßlos, und zwar so maßlos, daß die Verhältnisse, in denen wir leben und ohne die unser Leben zerfallen würde, Schaden nehmen: so sehr Schaden nehmen, daß an die Stelle des Beziehungsreichtums unseres Lebens tödliche Beziehungslosigkeit zu treten droht. Doch das muß genauer entfaltet werden.

II. Verwirkte Freiheit

Die ersten Kapitel der Bibel reden von dieser Beziehungs- und Verhältnislosigkeit, mit der jener Adam, in dem wir uns alle wiedererkennen müssen, Gottes gute Schöpfung bedroht. Auch dieser unser Prototyp, auch Adam konnte und sollte als Gottes Ebenbild etwas anfangen auf Erden. Das Bild vom paradiesischen Garten steht dafür gut. Denn der Garten Eden war

---

[8] *A. Augustinus*, Confessiones, l. 1, lat.-dt., eingeleitet, übersetzt und erläutert von *J. Bernhart*, ²1960, 12f.: »inquietum est cor nostrum, donec requiescat in te: ruhelos ist unser Herz, bis daß es Ruhe hat in Dir.«

keineswegs eine Art Schlaraffenland, in dem man die Hände in den Schoß legen und trotzdem satt und glücklich werden kann. Ganz und gar nicht! Ein Garten will bearbeitet und kultiviert werden. Sonst verwildert er und hat alsbald weder Gestalt noch Schöne. Statt Petersilie gedeiht dann das Unkraut, die Weinstöcke verdorren, Blumen und Früchte werden überwuchert. Und so fort an. Kurzum: mit einem Garten muß man etwas anfangen.

Aber, und das ist entscheidend, der Garten ist schon da. Den muß der Mensch nicht erst schaffen. Das Paradies auf Erden – das muß der Mensch nicht erst hervorbringen. Und das kann er auch nicht hervorbringen. Denn er kann nicht mit nichts anfangen. Wir Menschen fangen immer schon mit etwas an: mit etwas, das schon da ist; mit etwas, das uns Gott bereits gegeben hat. Wir sind, bevor wir gefordert werden, immer schon als Beschenkte da: als mit uns selbst Beschenkte und als mit einer Welt Beschenkte.

Das unterscheidet unsere, das unterscheidet die menschliche Freiheit von der Freiheit des göttlichen Schöpfers, der an nichts anknüpft, wenn er anfängt: an nichts als an sich selbst.

Adam aber – und wer will, darf getrost Eva hinzufügen –, der alte Adam und die alte Eva, die wir alle sind, sie geben sich nicht damit zufrieden, mit etwas anzufangen. Der hochgemute Mensch will ebenfalls mit nichts anfangen. Er will sein wie Gott. Doch mit nichts anfangen kann der Mensch nur, wenn er das Nichts des Uranfangs, wenn er das Tohuwabohu wieder über die Schöpfung heraufbeschwört: das Tohu-wabohu, das Gott doch, als er Himmel und Erde schuf, gerade ausgeschlossen hat. Die Maßlosigkeit des Menschen, sich nicht damit zufriedenzugeben, geschaffen zu sein, die Maßlosigkeit, alles selbst machen zu wollen und am liebsten auch noch sich selber machen – und wenn das nicht geht, wenigstens einen Klon von sich selber machen – zu wollen, diese Maßlosigkeit droht die Schöpfung an den Rand des Nichts zu bringen. Wenn der Mensch selber Schöpfer sein will, wenn er am Ende sogar sein eigener Schöpfer sein will, dann verwirkt er die Freiheit, die er als Gottes Ebenbild hat. Wer selber Gott sein will, der kann nicht gut auch noch Gottes Ebenbild sein. Er verwirkt seine Gottebenbildlichkeit und damit zugleich seine kreatürliche Freiheit.

Das gilt nicht nur für unsere individuelle Existenz. Das gilt auch für den Menschen als Gattungswesen. Wir erleben heute, daß der Wille zur Macht, der nun einmal zum Menschen gehört und der als solcher keineswegs verwerflich ist, sich dahin versteigt, sich zur Allmacht des Schöpfers potenzieren zu wollen. Unsere heutigen wissenschaftlichen Kenntnisse und technologischen Fähigkeiten lassen die Realisierbarkeit dieses Willens zur Allmacht durchaus realistisch erscheinen. Ich stelle das fest, ohne in eine billige Schelte der derzeitigen Forschung einzustimmen. Auch in der Wissenschaft gibt es verantwortliche Menschen. Sie bedürfen keiner kirchlichen Gängelung. Aber das entbindet uns nicht von der jedenfalls für einen Christenmenschen unerläßlichen kritischen Frage, wo die Grenze zwischen willkommenem wissenschaftlichen Fortschritt und dem maßlosen Willen, selber Schöpfer sein zu wollen, verläuft. Denn es tut dem Menschen nicht gut, es ruiniert ihn vielmehr, wenn er den imitieren will, der alles aus nichts geschaffen hat. Was dabei herauskommt, sind ohnehin nur erbärmliche Karikaturen des wahren Schöpfers und seiner schöpferischen Freiheit.

Die biblische Urgeschichte illustriert das dadurch, daß sie erzählt, wie der maßlose Wille, wie Gott sein zu wollen, das Leben um seinen wahren Reichtum betrügt. Ist doch der wahre Reichtum des menschlichen Lebens nichts anderes als sein Beziehungsreichtum. Ich meine nicht, was man gern »Vitamin B« nennt: Beziehungen zu denen, die Einfluß haben; Beziehungen, die ich zu meinem eigenen Vorteil nutzen oder gar schamlos ausnutzen kann. Doch selbst wenn man die Pflege solcher Beziehungen und ihre ungenierte Nutzung für etwas anrüchig hält, so kann man sich immerhin an denen, die keine solche Beziehungen haben und deshalb im Leben eher schlecht wegkommen, klarmachen, wie sehr das menschliche Leben auf Beziehungen hin angelegt ist. Der Mensch ist in einem fundamentalen, in einem fundamental-anthropologischen Sinn ein Beziehungswesen, ein Verhältniswesen. Er ist – und darin ist er Gottes gutes Ebenbild – ein beziehungsreiches Wesen.

Nur indem er sich zu sich selbst verhält, ist er ein lebendiger Mensch. Und indem er sich zu sich selbst verhält, bezieht er sich zugleich immer schon auf seine Mitmenschen und auf seine natürliche Umwelt – oder aber er wird verrückt. Denn wer in splendid isolation, seine soziale und natürliche Umwelt sozusagen ausschaltend, sich in monomaner Weise nur und ausschließlich auf sich selbst bezieht, der wird mit Sicherheit verrückt. Daraus resultiert: der Mensch verhält sich, indem er sich auf sich selbst bezieht, immer schon zu Anderen.

Und wie steht es mit dem ganz Anderen? Wie steht es mit unserem Verhältnis zu Gott?

Religiös sind wir alle, irgendwie: der eine sehr bewußt, der andere eher unbewußt. Man kann auch ohne Gott auf sehr eindrückliche Weise religiös sein. Der große Schleiermacher hat es mit einiger Bewunderung festgestellt und behauptet, »daß eine Religion ohne Gott« sogar »besser sein kann, als eine andre mit Gott«.[9] Wie auch immer: Der Mensch ist – sei es nun mit Gott, sei es ohne Gott – unausrottbar religiös, ganz egal, ob seine Religiosität sich institutionell, in kirchlicher Verfaßtheit, darstellt oder ob sie als vagierende oder gar vagabundierende Religiosität daherkommt. Und insofern gehört zum Beziehungsreichtum unseres Lebens immer auch die Beziehung zu einem Ganz Anderen, den wir Christen Gott und den Vater Jesu Christi nennen und deshalb mit Unser Vater anreden dürfen.

---

[9] *F. Schleiermacher*, Über die Religion. Reden an die Gebildeten unter ihren Verächtern (Philosophische Bibliothek 255), 1958, 70 (= KGA Bd. I/2: Schriften aus der Berliner Zeit 1796-1799, 1984, 244).

Doch wenn der Mensch selber wie Gott sein will, dann stellt er diese Beziehung von Grund auf in Frage. Denn dann instrumentalisiert er sein Gottesverhältnis. Dann wird Gott zum Mittel meiner Zwecke. Und so darf ich weder mit einem Menschen noch mit Gott umgehen: daß er Mittel zum Zweck wird. Jeder Mensch ist um seiner selbst willen interessant und ein unbedingter Selbstzweck. Das ist seine Würde. Und nicht weniger ist Gott um seiner selbst willen interessant und ein unbedingter Selbstzweck. Das ist seine Ehre. Gott kann und soll man (wie der Kirchenvater Augustinus uns gelehrt hat) genießen, aber nicht gebrauchen – so wie man irgend etwas, wie man ein Ding gebraucht. Gott ist kein Gebrauchsgegenstand! Gott wie ein Ding, wie ein Instrument zu gebrauchen – das ist gotteslästerlich, so gotteslästerlich, daß dieser religiösen Gotteslästerung gegenüber ein fröhlicher Atheismus geradezu eine Wohltat ist.

Wird Gott wie ein Gebrauchsgegenstand genutzt, wird er, statt unbedingter Selbstzweck zu sein, instrumentalisiert, dann wird Gott schließlich auch ersetzbar, so wie jedwedes Ding ersetzbar ist. Dann wird die Gottesbeziehung so instrumentalisiert, daß sie meinem Selbstverhältnis unterworfen, dienstbar gemacht wird. Hölderlin – auch er aus dem Tübinger Stift hervorgegangen! – hat es so gesagt:

»Zu lang ist alles Göttliche dienstbar schon
Und alle Himmelskräfte verscherzt, verbraucht

... danklos, ein
schlaues Geschlecht«.[10]

Gott gebrauchen, Gott verbrauchen – das ist es, was die Bibel Sünde nennt. Und sie stellt mit unerbittlicher Härte fest, daß damit nicht nur die Gottesbeziehung, sondern der ganze Beziehungsreichtum des menschlichen Lebens zerstört wird. Denn wer sogar Gott instrumentalisiert, der ist bereit, alles und jedes, ja er ist bereit, sogar jedes menschliche Du zu instrumentalisieren. Er kennt am Ende nur noch einen einzigen Selbstzweck: nämlich sich selbst. Und er vergreift sich, indem er Gott und seine Mitmenschen instrumentalisiert, an Gottes Ehre und an seines Mitmenschen Würde.

Doch damit lädiert der Sünder nicht nur seine Beziehung zu Gott und sein Verhältnis zu seiner sozialen und natürlichen Umwelt. Damit lädiert er auch seine Beziehung zu sich selbst. Wer sich an Gottes Ehre und an der Würde seines Mitmenschen vergreift, der beschädigt immer auch seine eigene Würde. Wenn wir das doch begreifen würden im Staat, zwischen den Staaten, in der Gesellschaft, aber auch in der Kirche: mit der Würde der Anderen steht immer auch meine eigene Würde auf dem Spiel. Und mit der Menschenwürde steht über kurz oder lang das Menschenleben auf dem Spiel. Wird das menschliche Leben würdelos, dann beginnen die fundamentalen Lebens-

---

[10] F. Hölderlin, Dichterberuf, Sämtliche Werke. Stuttgarter Ausgabe, Bd. 2, hg. von F. Beissner, 1953, 48.

beziehungen zu zerbrechen. Der Beziehungsreichtum des menschlichen Lebens zerfällt.

Wo aber der Beziehungsreichtum des Lebens zerfällt, da beginnt mitten im Leben die Herrschaft des Todes. Sie heraufzubeschwören, das ist des monomanen Menschen Verrücktheit, die ihn aus dem Reich der Freiheit unter das Joch selbstverschuldeter Unfreiheit zwingt. Er ist nun der Knecht seines eigenen Willens zur Allmacht. Der von Gott frei geschaffene Mensch ist nun sein eigener Knecht.

Eine schlimmere Unfreiheit aber ist nicht denkbar als die, sich selber rücksichtslos ausgeliefert zu sein. Von allen Tyrannen ist unser eigenes Ich der mächtigste und listenreichste. Das siebente Kapitel des Römerbriefes öffnet uns die Augen für die harte Wahrheit, die sich in diesen drei Worten formulieren läßt: Ich unterjoche mich.

Schon meine eigene Vergangenheit kann so sehr über mich herrschen, daß sie sogar die Zukunft fest im Griff hat. Herkunft will dann nicht nur Herkunft bleiben, sondern auch die Zukunft dominieren. Was ich längst hinter mir wähnte, holt mich wieder ein: Herkunft wird Zukunft. Und Zukunft ist dann nichts anderes als hochgerechnete oder fortgeschriebene Vergangenheit.

Jedes einigmaßen wache Gewissen kennt ja die Erfahrung, wie sehr eine verfehlte Vergangenheit die Gegenwart belasten kann: so sehr, daß man sich vor den Freuden der Gegenwart verschließt und stumpf wird gegenüber den Chancen und Ansprüchen der

Zukunft. Ich werde dann verfolgt von den gespensti-
schen Schatten längst vergangener Taten: meinem
schon gelebten Leben unentrinnbar untertan.

Doch nicht nur eine verfehlte, auch eine erfolgreiche Vergangenheit kann einen Terror sondergleichen
ausüben. Erfolge verpflichten. Und wehe dem, der
hinter sie zurückfällt! Die Angst davor ist der Boden,
auf dem die individuellen Lebenslügen gedeihen.
Nicht nur in Politik und Wirtschaft, auch an den Uni-
versitäten, bei den Forschern und Lehrern, kann die
erfolgreiche Vergangenheit einen Druck ausüben, der
nicht selten entweder im Selbstbetrug endet: »ich
kann's noch immer und sogar noch besser als bisher!«
Oder aber das Ganze endet in Resignation und De-
pression: »ich mag nicht mehr, ich will nicht mehr, ich
kann nicht mehr!« Und am schlimmsten ist es wohl,
wenn solche Lebenslügen im intimsten Kreis, im
Kreis von Familie und Freundschaft gedeihen. Dann
zeigt die selbstverschuldete Unfreiheit ihre schreck-
lichste Fratze.

Und nun gibt es diese Gefangenschaft in einer er-
folgreichen Vergangenheit nicht nur im individuellen
Leben. Auch bedeutende Institutionen wie z.B. die
Gewerkschaften und erst recht unsere konfessionell
getrennten Kirchen – und auf sie wollen wir uns jetzt
beschränken – werden noch immer von ihrer eigenen
großen Vergangenheit nicht nur positiv geprägt, sondern oft auch arg tyrannisiert: so sehr tyrannisiert, daß
sie den Schritt nicht wagen, der an der Zeit
ist, der im Blick auf die getrennte Christenheit nicht

nur weltlich, sondern geistlich an der Zeit ist und auch von der gewissenhaftesten Theologie nicht gut bestritten werden kann. Man sollte übrigens nicht immer den armen Papst in Rom dafür verantwortlich machen. Der hat im Blick auf die christlichen Konfessionen, mehr noch aber im Blick auf die nicht-christlichen Religionen, insbesondere im Blick auf den Glauben Israels und im Blick auf den Glauben der Muslime, Türen aufgestoßen, die so mancher Kurienkardinal wohl lieber verriegelt gehalten hätte. Mir macht dieser Papst Eindruck, geistlichen Eindruck.

Doch Papst hin, Papst her: Wir sind, obwohl es in unserer konfessionellen Herkunft, ganz egal ob man von Wittenberg, von Genf, von Rom, von Konstantinopel, von Elstal oder von sonstwoher kommt, genug vorwärts weisende Kräfte gibt, noch immer auch Gefangene unserer Vergangenheit und werden noch immer mit den zukunftsverschließenden Litaneien konfrontiert, die uns von den konfessionalistischen Gralshütern vorgemurmelt werden und die den Boden dafür bereiten, daß die kollektiven Lebenslügen auch inmitten der christlichen Kirche gedeihen.

Nichts gegen die Treue zum Bekenntnis! Doch die wahre Treue zum Bekenntnis einer Kirche gedeiht nur da, wo man offen ist für dasjenige Bekennen, zu dem uns unsere eigene Zeit herausfordert. In der Alten Kirche gab es auf dem Marktplatz von Antiochien einen Papagei, der das kirchenrechtlich geltende Bekenntnis sogar mit besonderen dogmatischen Zusätzen zu singen vermochte. Eine Kirche, die sich nicht von der jeweiligen Gegenwart zu selbstständigem, den geistlichen Herausforderungen der eigenen Zeit gerecht werdendem Bekennen herausfordern läßt, nimmt auch die großen Bekenntnisse der Vergangenheit nicht wirklich ernst. Sie läuft Gefahr, Papageienbekenntnisse abzulegen. Sie bleibt gefangen in ihrer eigenen, unbestreitbar großen Vergangenheit. Gefangen! Und also unfrei!

Freiheit aber heißt: Von neuem anfangen. Doch wie? Wie kann ein in sich selbst gefangener, wie kann ein von seiner Vergangenheit tyrannisierter Mensch, wie kann eine von ihrer Vergangenheit gefesselte Kirche von neuem anfangen? Wie können wir aus unseren individuellen und kollektiven Lebenslügen befreit werden?

Nur so, daß wir uns auf denjenigen Anfang einlassen, den keiner von uns machen kann, weil er uns allein durch Gottes schöpferisches Handeln zukommen und durch Gottes schöpferisches Wort zugespielt werden kann.

III. Zugespielte Freiheit

Ja, zugespielt ist die richtige Metapher! Denn sie bringt einerseits zum Ausdruck, daß der von uns selbst nicht machbare Anfang bereits da, daß er als ein souveräner Indikativ da ist. Und sie bringt andererseits zum Ausdruck, daß dieser souveräne Indikativ bei uns ankommen, daß Gottes befreiende Freiheit uns so zugesprochen werden will, daß wir uns auf sie verlassen können. Der Morgenchoral sagt es in seiner hinreißenden Schönheit vielleicht am besten:

All Morgen ist ganz frisch und neu
des Herren Gnad und große Treu;
sie hat kein End den langen Tag,
drauf jeder sich verlassen mag.

Diese hinreißenden Verse kann man eigentlich nicht nur hören. Man muß sie singen, um auf diese Weise von ganzem Herzen in ihre Wahrheit einzustimmen. Versuchen wir es!

All Morgen ist ganz frisch und neu
des Herren Gnad und große Treu;
sie hat kein End den langen Tag,
drauf jeder sich verlassen mag.

O Gott, du schöner Morgenstern,
gib uns, was wir von dir begehrn:
Zünd deine Lichter in uns an,
laß uns an Gnad kein Mangel han.

Treib aus, o Licht, all Finsternis,
behüt uns, Herr, vor Ärgernis,
vor Blindheit und vor aller Schand
und reich uns Tag und Nacht dein Hand,

zu wandeln als am lichten Tag,
damit, was immer sich zutrag,
wir stehn im Glauben bis ans End
und bleiben von dir ungetrennt.

»Drauf jeder sich verlassen mag«! Sich verlassen – darum geht es! Wer sich darauf verläßt, daß Gottes Gnade und große Treue all Morgen frisch und neu ist, wer daran glaubt, der ist zwar in einem sehr präzisen Sinne verrückt. Aber er ist es zu seinem eigenen Besten. Denn er rückt dann in eben jenen Anfang ein, den Gott allein zu machen vermag. Und da erfährt er Gottes befreiende Freiheit. Und er erfährt sie so sehr, daß er mitten in unserem mehr oder weniger verbrauchten Leben selber wieder anfangen, von neuem anfangen kann. Er lernt, neu zu sehen: in der Welt nimmt er wieder die ursprünglichen Farben der Schöpfung wahr. Er wird also ein entdeckender Mensch. Seine Augen sind nicht mehr nur ängstlich rückwärts gerichtet. Der freie Mensch hat vielmehr Augen zu sehen, was anderen verborgen ist.

Und was kann man da für Entdeckungen machen! Probieren Sie es einmal! Machen Sie einfach einmal Gebrauch von der Freiheit eines Christenmenschen, die Welt und nicht nur die Welt, sondern auch sich selbst ganz neu zu entdecken! Sie werden dann ganz gewiß entdecken, wo Sie gebraucht werden. Sie werden aber auch entdecken, wo Sie willkommen sind: wirklich willkommen, ohne irgend etwas dafür getan zu haben oder dafür tun zu müssen. Einfach willkommen, weil Sie um Ihrer selbst willen interessant sind. Und Sie werden dann so etwas wie Freude am Sein entdecken. Entdeckungen über Entdeckungen! Wahre Freiheit befindet sich immer auf Entdeckungsreise. Und das muß die Welt merken, verehrte Christenmenschen! Die christliche Freiheit muß kenntlich werden in unserer Welt. Und das wird sie nicht durch Anpassung, nicht durch Gleichschaltung. Die Gesellschaft, in der wir leben, ist diffus genug. Ihr kann gar nichts besseres widerfahren, als auf eine kenntliche Christenheit, auf eine kenntliche Kirche zu stoßen. Die Christenmenschen müssen endlich wieder den Mut haben, Flagge zu zeigen: die Flagge der christlichen Freiheit! Nur dann wird unsere Gesellschaft bereit sein, sich auf die Freiheit eines Christenmenschen einzulassen und mit ihm auf Entdeckungsreise zu gehen. Hören wir auf, uns zu verstecken. Geben wir klar und deutlich zu erkennen, daß wir echte Anfänger sind: von Gott zum Anfangen befähigte Anfänger.

Das Neue Testament bringt diese neu gewonnene, auf Entdeckungsreise gehende Freiheit gern dadurch zum Ausdruck, daß sie das in den schöpferischen Anfang Gottes einrückende Ich mit einem neugeborenen Kind vergleicht. Und in der Tat: Was ist in dieser Welt freier als ein neugeborenes Kind! Es muß, um da zu sein, an nichts anknüpfen als nur eben daran, daß es da ist. Es ist ein wirklicher Anfänger. Das gibt ihm seinen unvergleichlichen Zauber, der auch durch nächtliches Säuglingsgeschrei nicht zerstört werden kann. Nicht jedem, aber ganz gewiß diesem »Anfang wohnt ein Zauber inne, der« es »beschützt und der« ihm »hilft, zu leben«.[11]

Darauf ist der neugeborene Anfänger allerdings elementar angewiesen: daß er beschützt wird. Das zur

---

[11] *H. Hesse*, Stufen, in: *ders.*, Die Gedichte 1892-1962, Bd. 2, 1977, 676.

Welt gekommene Menschenkind würde elend zugrunde gehen, wenn es nicht mit den elementaren Lebensmitteln versorgt, von Mutter und Vater umsorgt und von ihnen, bevor es selber zu reden vermag, liebevoll angesprochen würde. Ja, das auf unvergleichliche Weise freie Kind ist ganz und gar abhängig, abhängig von der elterlichen Liebe. Und gerade in dieser Abhängigkeit ist es frei und entdeckt Tag für Tag mehr von seiner Freiheit. Und so ist denn die Abhängigkeit von der Liebe der Mutter und des Vaters ein wahrer Segen für das Kind.

Im Laufe des Erwachsenwerdens wird sich diese Abhängigkeit verändern und – hoffentlich! – in Dankbarkeit transformieren. Auch unsere Abhängigkeit von Gottes schöpferischer Liebe wird sich verändern. Sie kann viele Gestalten annehmen. Aber sie wird nie aufhören, es sei denn, wir würden erneut die Unfreiheit wählen.

Rücken wir hingegen immer wieder in Gottes schöpferischen Anfang ein, dann wird auch uns die herrliche Freiheit zugespielt, in dieser alten Welt etwas anzufangen. Und das zumindest in dreifacher Hinsicht:

(1.) Glaubend fangen wir mit Gott etwas an: nun aber nicht, um ihn abermals zu instrumentalisieren, sondern um mit ihm um seiner selbst willen, um mit Gott um Gottes willen zusammenzukommen und zusammenzuleben in der Lebensgemeinschaft der Heiligen. Denn dadurch und nur dadurch wird man ein Heiliger, so und nur so wird man eine Heilige:

daß man mit Gott zusammenkommt und mit ihm zusammenlebt. Da man aber Gott nicht sehen kann – noch nicht! –, kann man auch von unserer Heiligkeit nichts sehen – noch nicht! Aber dann! In Gottes kommendem Reich werden wir ihn sehen und so auch unserer eigenen Heiligkeit ansichtig werden. Noch aber sehen wir nichts davon. Und so nehmen wir uns in den Augen der Welt zweifellos als seltsame Heilige aus. Bekennen wir uns dazu: seltsame Heilige, aber Heilige! Denn glaubend freuen wir uns dessen, daß Gott da und daß er für uns da ist. Das macht ja seine Schönheit aus, daß er nicht nur da, sondern für uns da ist. Und das gibt seiner Schönheit Tiefe, daß er nicht nur lebt, sondern als der lebt, der für uns in den Tod gegangen ist und den Tod überwunden hat. Ja, Gottes Herrlichkeit hat Tiefe. Wohl dem, der sie zu genießen vermag. Er gewinnt dann Kreativität, gewinnt die schöpferische Kraft und Phantasie, auch mit der Welt etwas Gescheites anzufangen.

(2.) Liebend fangen wir mit der Welt und in ihr mit unseren Mitmenschen etwas an: wiederum nicht, um sie abermals zu instrumentalisieren, sondern um uns ihrer Würde zu freuen und um ihnen zu vermitteln, daß auch ihrer ein Anfang harrt, dem ein ihr Leben schützender Zauber innewohnt. Wenn uns diese Vermittlung gelingt, dann werden auch wir ein Segen sein.

Und was fängt (3.) der christliche Anfänger mit sich selber an? Nun, das mag jeder selber ausloten. Er wird dann schon merken: wer mit Gott anfängt und seine

Mitmenschen neu wahrzunehmen lernt, der ist so »beschäftigt«, daß er sich selber dabei immer mehr vergißt. Wohltuende Selbstvergessenheit! Denn in solcher Selbstvergessenheit kommt das menschliche Ich in ganz neuer Weise zu sich selbst.

So lebt nun – sagt Martin Luther – »ein Christenmensch ... nicht in ihm selbst«. Er gerät vielmehr außer sich: »Durch den Glauben fähret er über sich in Gott, aus Gott fähret er wieder unter sich durch die Liebe und bleibt doch immer in Gott und göttlicher Liebe.«[12] Glaubend und liebend ist der Mensch außer sich. Und gerade darin unüberbietbar frei.

---

[12] *M. Luther*, Von der Freiheit eines Christenmenschen. 1520, WA 7, 38, 6-10.

Das jüngste Gericht
als Akt der Gnade

Vorbemerkung

Der Titel widerspricht einem weitgehenden Konsens, möglicherweise sogar einem weitgehenden biblischen Konsens.

Schon begrifflich stellt die Rede vom jüngsten Gericht als Akt der Gnade die Störung eines weitgehenden Einverständnisses dar. Gericht und Gnade gelten in der Regel als Alternative. Vom Gericht wird Recht gesprochen – jedenfalls in der Regel. Gnade aber, sagt man, solle vor Recht ergehen, also das Recht gewissermaßen außer Kraft setzen. In der theologischen Tradition wird zudem der Ausdruck Gericht häufig so verwendet, daß er nicht nur die Institution bezeichnet, die Recht spricht, sondern zugleich deren Urteilsspruch mitbezeichnet, und zwar nicht irgendeinen, sondern allemal den verurteilenden Urteilsspruch: Gericht bedeutet Bestrafung, Gnade hingegen Straffreiheit; Gericht besagt Tod, Gnade hingegen Leben.

Wenn ich dieses weitgehende Einverständnis mit diesem Vortrag nun zu stören unternehme, dann selbstverständlich nicht, weil ich in die Rolle des theologischen Störenfriedes vernarrt wäre. Mein Ehrgeiz geht auch keineswegs auf eine bunte Jacke. Und wenn ich mit den folgenden Ausführungen dennoch in die Rolle eines – sagen wir: Kathedernarren geraten sollte, dann hoffe ich immerhin auf diejenige Nachsicht, die man einem »Narren in Christo« zuzubilligen geneigt ist.

Geleitet haben mich bei den folgenden Überlegungen die paulinischen Ausführungen zur Rechtfertigung des Gottlosen. Schon im Blick auf dieses Ereignis ist ja die Rede, daß Gnade vor Recht ergehe, überaus problematisch. Der den Sünder rechtfertigende Gott läßt nicht Gnade vor Recht ergehen; er ist vielmehr gerade mit seiner Gnade im Recht. Diese Einsicht möchte ich im Folgenden für das Verständnis des jüngsten Gerichtes fruchtbar machen. Dabei soll in einem ersten Teil des Vortrages an das hermeneutische Prinzip eschatologischer Aussagen erinnert werden. Den zweiten Teil habe ich überschrieben »Die Ankündigung des Weltgerichtes als Androhung?«. Im dritten Teil sollen fünf positive Bestimmungen des jüngsten Gerichtes als Akt der göttlichen Gnade folgen. Und der vierte Teil fragt nach der Hoffnung für den hoffnungslosen Fall.

I. Zur Hermeneutik eschatologischer Aussagen

»Wer dahin unterwegs ist, für den schickt es sich doch wohl, über die Wanderung dorthin nachzudenken und sich ins – allemal mythische – Bild zu setzen«. So Sokrates in seinem letzten, durch die schöpferische Hand Platons zu einem Grundtext abendländischer Metaphysik verewigten Gespräch (Phaidon 61e), an dessen Ende der zum Tode verurteilte Denker in der Gewißheit kommender Freiheit den Giftbecher trank.

»Dahin unterwegs« sind wir allerdings nicht erst dann, wenn unsere letzte Stunde geschlagen hat. Wer von uns weiß zudem schon, ob er in seiner letzten Stunde seinerseits den sokratisch klaren Kopf hat, den man braucht, um über das von »dorther« Kommende und also über die sogenannten Eschata »nachdenken und sich ins Bild setzen« zu können? Die letzte Stunde wird dafür in der Regel zu spät sein. Der christliche Glaube hat deshalb ebenso nüchtern wie unerbittlich daran erinnert, daß wir jederzeit »dorthin unterwegs« sind: »media vita in morte sumus. – Mitten wir im Leben sind mit dem Tod umfangen.«

Martin Luther mochte allerdings auch diese – in dem alten St. Gallener Hymnus lapidar formulierte – Einsicht noch nicht als die für den christlichen Glauben kennzeichnende Wahrheit über das Verhältnis von Leben und Tod halten: »media vita in morte kers umb media morte in vita sumus ... so glaubt der Christ«[1].

---

[1] M. *Luther*, Predigt am Tage Mariä Heimsuchung. 1523, WA 11, 141, App.

Diese Umkehrung soll für die folgenden Ausführungen die Funktion eines hermeneutischen Prinzips eschatologischer Aussagen haben. Denn was der christliche Glaube über das eschatologisch Kommende zu sagen vermag, unterscheidet sich von den Erwartungen und Befürchtungen des sog. natürlichen Menschen und von einer diese Erwartungen und Befürchtungen verarbeitenden Mythologie (oder einer an deren Stelle tretenden Metaphysik) sehr elementar dadurch, daß die christliche Hoffnung ganz und gar von der in Christo bereits geschehenen Teilgabe und durch das Angeld des Geistes schon jetzt ermöglichten Teilnahme am ewigen Leben Gottes geleitet ist. Der von der Auferstehung des Gekreuzigten herkommende Glaube gibt dem Zukunftsbezug der Christen den Charakter der Gewißheit.

Im vorchristlichen Sprachgebrauch ist Hoffnung hingegen prinzipiell spes vagans, vagierende Erwartung. Für Platon ist sie – neben dem als Wahrnehmung (αἴσθησις) sich vollziehenden Gegenwartsbezug der Seele und dem als Erinnerung (μνήμη) sich vollziehenden Vergangenheitsbezug der Seele – deren Zukunftsbezug, der sowohl positiv als auch negativ besetzt werden kann, so daß es »gute Hoffnungen« und »schlechte Hoffnungen« gibt (Philebos 33c - 34c; Politeia 330e - 331a).

Der christliche Glaube hat der Hoffnung ihren ambivalenten Charakter genommen. Der Glaube an den, der um unserer Sünde willen gekreuzigt und um unserer Rechtfertigung willen auferweckt wurde (vgl.

Röm 4,25), hat die anthropologisch ambivalente Hoffnung christologisch eindeutig gemacht. Der Akt der Hoffnung ist sich nun des Gegenstandes der Hoffnung als eines Hoffnungsgutes gewiß. Die Rede von einer vagierenden Hoffnung, einer spes vagans ist dem christlichen Glauben fremd. Christliche Hoffnung ist per definitionem gute Hoffnung, ohne daß dies eigens gesagt werden muß. Und so hat der christliche Glaube dazu geführt, daß Hoffnung ein eindeutig positiv besetztes Wort geworden ist. Und das deshalb, weil der Akt des christlichen Hoffens ganz und gar vom Akt des christlichen Glaubens her bestimmt ist. Der Christ hofft, weil er glaubt. Weil der Glaube auf Jesus Christus als denjenigen zurückblickt, der über die Zukunft eines jeden von uns entscheidet, deshalb hoffen die Christen, deshalb ist ihr Zukunftsbezug ganz und gar von ihrem Herkunftsbezug her qualifiziert.

Das bedeutet für die Hermeneutik eschatologischer Aussagen, daß nicht die Defizienzerfahrungen gegenwärtigen Mangels zum Entwurf einer eschatologischen Gegenwelt führen und durch diese Gegenwelt kompensiert werden, sondern daß sich die durch Jesus Christus den Empfängern seines Geistes schon jetzt verbürgte Heilsgewißheit in die Gewißheit des eschatologisch Kommenden transponiert. Christliche Eschatologie ist − wie Karl Rahner[2] treffend formuliert hat − »der Ausblick des Menschen von seiner

---

[2] *K. Rahner*, Grundkurs des Glaubens. Einführung in den Begriff des Christentums, 1976, 416.

Heilserfahrung her, die er jetzt in der Gnade und in Christus macht«. Das besagt, »daß eschatologische Aussagen die Übersetzung dessen ins Futurische sind, was der Mensch als Christ in der Gnade als seine Gegenwart erlebt«.

Vorausgesetzt ist dabei allerdings die mit der Gewißheit gegenwärtiger Heilserfahrung mitgesetzte Verheißung, daß Gott sein in Christo schon gewirktes Werk der Versöhnung nicht relativieren oder gar problematisieren, aber auch nicht einfach durch ein ihm – der Sache nach – fremdes Werk ergänzen, sondern daß er sein bisheriges Versöhnungshandeln durch sein eschatologisches Handeln in der Weise einer Selbstüberbietung vollenden wird. Dementsprechend kann christliche Eschatologie nicht die Eschatologie eines totaliter aliter sein. Insofern ihre Aussagen nichts anderes als eine sein bisheriges Werk vollendende Selbstüberbietung des Wirkens Gottes zur Sprache zu bringen haben, gehört es vielmehr zur hermeneutischen und materialen Eigenart der Sätze christlicher Eschatologie, das Zur-Welt-Kommen Gottes, wie es in dem Menschen Jesus geschehen ist und im heiligen Geist auch jetzt geschieht, auf analoge Weise noch einmal auszusagen: nämlich als sein erneutes Kommen in Herrlichkeit. Die christliche Eschatologie hat nicht einem totaliter aliter das Wort zu reden, sondern sie hat umgekehrt das kommende Reich Gottes in weltlichen Gleichnissen des Himmelreichs auf legitime Weise anschaulich zu machen. Diese alle eschatologische Aussagen steuernde Analogie führt zu der hermeneutischen Forderung, die in der Theologie übliche Kennzeichnung der eschatologischen Spannung im Sinne eines Noch nicht – Aber dann zu korrigieren durch die Gegenüberstellung: Schon jetzt – Dann erst recht. Als Analogie der Selbstüberbietung ist die alle eschatologischen Aussagen steuernde Entsprechung die Ermächtigung, den kommenden Gott für sein vollendendes Handeln schon jetzt als den zu loben, der dann erst recht zu loben und zu preisen ist.[3] Eschatologische Aussagen haben demgemäß die die Gegenwart der Welt bestimmende Angst vor der Zukunft auf keinen Fall apokalyptisch zu potenzieren, sondern vielmehr deren Verwandlung in diejenige Gottesfurcht zu vollziehen, die den kommenden »Tag des Herrn« als definitiven Erweis der Liebe des Herrn erwartet.

II. Die Ankündigung des Weltgerichtes als Androhung?

In diesem Sinne sind auch die biblischen Aussagen über ein kommendes Gericht systematisch zu verarbeiten. Dabei wird es, wenn es in der christlichen Eschatologie wirklich um nichts anderes als um die Selbstüberbietung des versöhnenden Handelns Gottes gehen soll, notwendigerweise zu einer sachkritischen Interpretation der biblischen Apokalyptik kommen

---

[3] Insofern wäre dann allerdings der Behauptung Karl Rahners, aaO., 417, zu widersprechen, daß die »absolute Vollendung das Geheimnis bleibt, das wir *schweigend*, und aus allen Bildern gleichsam ins *Unsagbare* hinaustretend, zu verehren haben« (kursiv von mir).

müssen. Die Pointe dieser sachkritischen Interpretation biblischer Apokalyptik habe ich im Titel dieser Vorlesung vorweggenommen, insofern durch ihn das jüngste Gericht als Akt der Gnade gekennzeichnet wird.

Gericht als Gnade – das ist in der Tat ungewöhnlich. Wer das judicium postremum als den gnädigen Akt eines gnädigen Gottes behauptet, setzt sich in einen auffallenden Gegensatz zu den gängigen Auffassungen von einem kommenden Weltgericht, wie es die apokalyptische Phantasie innerhalb und außerhalb des Christentums postuliert.

Darüber sind sich ja fast alle Religionen einig, und nicht wenige Philosophen sagen es auf ihre etwas abstraktere Weise auch: daß diese Welt nicht denkbar ist ohne die letzte Instanz eines unsere Taten und Untaten wägenden Weltgerichtes. Schon die aus dem alten Ägypten stammenden Illustrationen eines uns erhaltenen Totenbuches[4] setzen ins Bild. Da sieht man den Gott Osiris (zusammen mit seinem Sohne Horus) in einer zur Unterwelt gehörenden »Halle der Wahrheit« auf einem Thron Gericht halten, umgeben von 42 furchterregenden, ebenfalls richtenden Gottheiten, von denen eine jede für das Aufdecken einer speziellen Sünde zuständig und kompetent ist. Neben einer großen Waage (von Anubius gehandhabt) steht der göttliche Schreiber Thot, um die Ergebnisse des Gerichtsvorganges festzuhalten. Ein Ungeheuer, das den Kopf eines Krokodils hat, wartet daneben, um alle die

---

[4] Vgl. *H. Greßmann*, Altorientalische Bilder, ²1927, 203.

zu verschlingen, die für zu leicht befunden wurden. Ein erschreckendes Bild, eine schreckliche Szene – diese Gerichtsszene, in der den angeklagten Menschen am Ende nur ein Zauber vor der Verurteilung bewahren kann. Doch die Hoffnung auf einen jenseitigen Zauber kann uns nicht trösten. Und insofern bleiben jene alten Illustrationen im Grunde trostlos.

Ähnlich bedrohliche Bilder malen nicht nur iranische, islamische und hinduistische Jenseitsmythen, sondern auch verschiedene, in den philosophischen Dialogen Platons dialektisch verarbeitete Gerichtsmythen.[5] Sie erzählen davon, daß die Seele eines jeden Menschen einem künftigen Gericht unterworfen werden wird und daß dieses Gericht darüber entscheidet, ob die jenseitige Wanderung zur »Insel der Seligen« führt und dort ein glückliches Ende nimmt, oder ob sie eine qualvolle Fortsetzung ihrer eschatologischen Wanderschaft mit einer möglichen Versenkung in den Tartaros, in die Unterwelt, vor sich hat. Doch auch eine Reinkarnation, also die erneute Kettung der Seele an einen irdischen Leib, schließt der platonische Mythos nicht aus.

Das Schreckliche und Bedrohliche, das sich mit dem Bild vom jenseitigen Gericht verbindet, soll dem hier und jetzt lebenden Menschen offensichtlich einschärfen, daß es in unserem gegenwärtigen, an alternativen Möglichkeiten und Entscheidungen reichen Leben allein darauf ankommt, zwischen einer gerechten und einer ungerechten Existenz zu wählen.

---

[5] Vgl. *Platon*, Gorgias 523ff; Phaidon 107ff; Politeia X, 614ff.

»Denn das … ist für dieses Leben und für das Leben nach dem Tode die beste Wahl«.[6] Weil den Ungerechten die gerechte Strafe ereilen wird und weil die gerechte Strafe für ein ungerechtes Leben dessen Verdammnis ist, deshalb wirken die Bilder, die der religiöse und philosophische Mythos vom Weltgericht malt, so bedrohlich und schrecklich. Noch Immanuel Kant, der das letzte Gericht in das Innere des Menschen verlegt und mit unserem Gewissen identifiziert, spricht von der furchtbaren Stimme dieses inneren Richters, durch den sich ein jeder Mensch »bedroht« und »im Respekt«, d.h. in »mit Furcht verbundener Achtung« gehalten findet.[7]

Wohin wir auch blicken: mit dem Gedanken von einem in letzter Instanz urteilenden Gericht und mit den Bildern, die dieses letzte Gericht in Szene setzen, wird gedroht. Die mythische und die philosophische Ansage des jüngsten Gerichts ist in Wahrheit eine Androhung. Und diese Androhung eines als letzte Instanz zu denkenden Weltgerichtes hat die Funktion, vom unmoralisch lebenden Menschen Moralität zu erpressen.

Auch die Bibel scheint in dieser Hinsicht – zumindest auf den ersten Blick – keine Ausnahme zu machen. Wenn die Propheten des Alten Testamentes einen die Weltgeschichte beendenden kosmischen Gerichtstag ansagen, dann nimmt diese prophetische Ankündigung einen ausgesprochen bedrohlichen

---

[6] *Platon*, Politeia X, 618e.
[7] *I. Kant*, Metaphysik der Sitten (Philosophische Bibliothek 42), 1954, 290 (= Akademie-Textausgabe VI, 1907, 438).

Charakter an. Denn an jenem Tag werden nicht mehr wir Menschen die Handelnden sein. Jener Tag wird vielmehr Gottes eigener Tag sein, der Tag Jahwes, der Tag des Herrn. Er heißt so, weil der Gott Israels an jenem Tag aufbrechen wird, um selber aller Ungerechtigkeit auf Erden ein Ende zu machen. Insbesondere alle selbstgerechte Selbstdarstellung und Selbstverwirklichung wird dann dem Gericht Gottes verfallen, das »über alles Stolze und Erhabene kommt und über alles Emporragende und Hohe, über alle Zedern des Libanon und über alle Eichen Basans, über alle hohen Berge und über alle hochragenden Hügel, über jeden hohen Turm und über jede feste Mauer, über alle Tharsisschiffe und über alle kostbaren Schaustücke. Da wird erniedrigt die Hoffart der Menschen und der Hochmut des Mannes gedemütigt. Und erhoben ist der Herr allein an jenem Tage. Und die Götzen – das fährt alles dahin …« (Jes 2,12-18).

Doch nicht nur die Mächtigen, nicht nur »die da oben«, sondern eine jede Person ist an jenem Tag in Gefahr. Vor selbstgerechter Schadenfreude über die, die dann vermutlich zu Fall kommen werden, sei gewarnt: »Wehe Euch, die Ihr den Tag des Herrn herbeisehnt! … Er wird Finsternis sein und nicht Licht. (Und es wird sein) wie wenn einer einem Löwen entflieht, und ein Bär begegnet ihm; oder er kommt ins Haus, stützt die Hand an die Wand, und es beißt ihn eine Schlange« (Amos 5,18f.). Der Prophet Zephanja hat den Tag des Weltgerichtes dementsprechend einen Tag des göttlichen Zornes genannt, des Zornes, der nach Röm 1,18 offenbar wird über alle Gottlosigkeit und Ungerechtigkeit der Menschen, die die Wahrheit im Unrecht gefangen halten. Die aus der katholischen Totenmesse, dem Requiem, auch Andersgläubigen und Nichtgläubigen bekannte Sequenz Dies irae, dies illa hat in der Androhung jenes Tages bei Zephanja (Zeph 1,14-18) ihre literarische Vorlage: »Horch: der Tag des Herrn, der bittere: Da schreit selbst der Held: ein Tag des Zornes ist jener Tag (dies irae – dies illa), ein Tag der Drangsal und der Angst …; denn Vernichtung, ja jähes Verderben bereitet er allen Bewohnern der Erde«:

»Dies irae, dies illa

        Tag des Zorns ob unsrer Sünden

Solvet saeculum in favilla

        alle Welt wird er entzünden

Teste David cum Sibylla

        wie David und Sibylle künden

… Iudex ergo cum sedebit

        Sitzt der Richter dann zu richten

Quidquid latet, apparebit

        wird sich das Verborgene lichten

Nil inultum remanebit

        Nichts kann vor der Strafe flüchten

Quid sum miser tunc dicturus?

        Weh, was werd' ich Armer sagen?«

Aber nicht nur die heidnische Sibylle und der alttestamentliche Prophet, auch nicht wenige neutesta-

mentliche Zeugen scheinen das kommende Endge-
richt als einen Tag des Schreckens anzukündigen. »An
jenem Tag«, so heißt es bei Markus (Mk 13,19), »wird
eine solche Trübsal sein, wie sie nie gewesen ist bisher
von Anfang der Schöpfung an …« Und in der Johan-
nes-Apokalypse wird sogar von einem feurigen Pfuhl
geredet, in den nicht nur der Tod versenkt werden
soll, sondern auch ein jeder, der im Weltgericht zu einem »zweiten Tod« verurteilt werden wird (Apk
20,11-15; 21,8). In diesem angeblich nicht erlöschen-
den Feuer wird man »gequält Tag und Nacht von
Ewigkeit zu Ewigkeit« (Apk 20,10).

Das sind grauenhafte Vorstellungen. Und die Frage
ist berechtigt, wie solche Bilder, wie ein derart in Szene gesetztes jüngstes Gericht sich mit dem Zentrum
des christlichen Glaubens, mit dem Evangelium von
Gottes den Sünder in Freiheit setzender Gnade ver-
trägt. In der Mitte des Neuen Testamentes leuchtet
doch die ganz andere Wahrheit auf, daß Jesus Christus
für uns gestorben ist (Röm 5,8), daß er an unserer
Statt, an unserer Stelle den Tod des Sünders gestorben
ist (2Kor 5,21): dieser eine für uns alle (2Kor 5,14f.;
Röm 5,18). Wenn aber »Christus für uns gestorben
ist, als wir noch Sünder waren, um wieviel mehr werden wir durch ihn bewahrt werden vor dem Zorn
[des letzten Gerichtstages] …« (Röm 5,9)! Wenn es
wahr ist, daß genau eben da, wo die Sünde sich po-
tenzierte, die Gnade übermächtig geworden ist (Röm
5,20), dann kann die Ankündigung eines letzten Gerichtes nicht mehr dieselbe Funktion haben wie in

den mit dem Weltgericht drohenden Mythen, dann kann der »Tag des Herrn« der Gnade des Herrn Jesus Christus nicht derart widersprechen, daß das jüngste Gericht als eine die Person des Sünders für immer und ewig verdammende letzte Instanz erwartet wird. Doch was erwartet uns dann?

III. Fünf positive Bestimmungen des jüngsten Gerichtes als eines Aktes der Gnade

Eine positive Bestimmung der zum christlichen Kerygma gehörenden Ankündigung eines Weltgerichtes hat davon auszugehen, daß es der an unserer Stelle Gerichtete ist, der dann richten wird. Wir verstehen diese Erwartung eines letzten Gerichtes Gottes nur dann angemessen, wenn wir sie als eine im Kreuz Jesu Christi und d.h. in der Rechtfertigung des Sünders sola fide begründete – wohlgemerkt: begründete und nicht etwa nur mit ihr verträgliche! – Erwartung verstehen. Das heißt: das kommende letzte Gericht kann auf keinen Fall als Problematisierung des Rechtfertigungsurteils geltend gemacht werden. Müßte man das iudicium postremum als eine Art Konkurrenz zur Rechtfertigungsbotschaft auffassen, dann würde es sich bei der – ja gerade auch von Paulus, dem Apostel des Evangeliums von der Rechtfertigung des Gottlosen, bezeugten – Erwartung eines noch ausstehenden Gerichtes nach den Werken in der Tat – wie von einigen Exegeten behauptet – um einen inkonsequenterweise festgehaltenen »jüdischen Rest« handeln. Daß es sich um dergleichen nicht handelt, zeigt jedoch die Bindung des kommenden Gerichtes an die Person des die Rechtfertigung des Sünders begründenden Christus. Der Gerichtstag ist sein Tag (Phil 1,6; 1Kor 1,8). Der Gerichtsschemel ist sein Schemel (2Kor 5,10). Dementsprechend erwartet Paulus sogar für den von ihm dem Satan übergebenen »Blutschänder«, daß dessen »Geist gerettet werde am Tage des Herrn Jesus« (1Kor 5,5). »Wie durchs Feuer hindurch« soll die Person selbst gerettet werden (1Kor 3,15). Selbst wenn der Christ vom Apostel daran erinnert wird, daß er sich nicht in falscher Sicherheit wiegen darf (1Kor 9,27; 11,32), kommt doch das jüngste Gericht nicht als Konkurrenz zur oder als Problematisierung der Rechtfertigung des Gottlosen in Betracht. Was aber bedeutet dann die Erwartung eines jüngsten Gerichtes?

Diese Frage soll nun unter Herausstellung von fünf Aspekten beantwortet werden.

1. Wir gehen bei der Beantwortung der Frage nach der Funktion des jüngsten Gerichts von der apokalyptischen Auffassung aus, daß dieses Gericht eine unmittelbare Folge der Auferstehung der Toten ist. Im Lichte der Tatsache, daß Jesus Christus selber von den Toten auferweckt worden und diese seine Auferweckung als seine Erhöhung geglaubt und bekannt worden ist, darf der Zusammenhang von universaler Totenauferweckung und jüngstem Gericht so ver-

standen werden, daß die Auferweckung der Toten am Tag des Herrn die Erhöhung des Menschen zum Gericht bedeutet. Der Mensch wird nicht erniedrigt, wenn er von Gott zur Verantwortung gezogen und beurteilt wird, sondern er wird zum Gericht erhöht. Insofern gehört das Gericht am Tage des Herrn nicht etwa in den Horizont des (nach Röm 4,15) den apokalyptischen Zorn heraufführenden Gesetzes, sondern in den Horizont des Evangeliums. Und eben deshalb ist das Ereignis dieses Gerichtes eine dem Menschen widerfahrende Auszeichnung. Diese – in der theologischen Tradition stark verdunkelte, wenn nicht sogar völlig verkannte – Einsicht ist auf der ganzen Linie zur Geltung zu bringen: nämlich daß – wie in der 52. Frage des Heidelberger Katechismus beispielhaft formuliert worden ist – der wiederkommende Christus »eben der Richter« ist, »der sich vor dem Gericht Gottes für mich dargestellt und alle Vermaledeiung von mir hinweggenommen hat«, so daß der Christ diesem Richter »in aller Trübsal und Verfolgung mit aufgerichtetem Haupt« entgegenharren darf. Kurz: daß der Mensch im letzten Gericht von Jesus Christus gerichtet werden wird, ist eine ihm widerfahrende Wohltat.

Das Gegenteil wäre schrecklich und bedrohlich. Es würde dem Menschengeschlecht nicht wohltun, es wäre vielmehr ein Ausdruck schrecklicher Gottverlassenheit, wenn der Mensch und seine Welt am Ende nicht von Gott beurteilt, gerichtet würde. Denn dann bliebe alles im Dunkel oder – schlimmer noch – im

Zwielicht der Lüge. Dann liefe der Sinn der Weltgeschichte und jeder einzelnen Lebensgeschichte darauf
hinaus, sich rücksichtslos durchzusetzen, koste es, was
es wolle. Würde die Welt keinem letzten göttlichen
Urteil entgegengehen, dann wäre die Weltgeschichte
selber das Weltgericht. Friedrich Schiller und Georg
Wilhelm Friedrich Hegel haben das behauptet. Doch
das hieße, daß am Ende die Mörder über ihre Opfer,
die weltgeschichtlich Siegreichen über die von ihnen
Unterdrückten triumphieren würden. Das Ausbleiben
eines jüngsten Gerichtes wäre der schreckliche Ausdruck göttlicher Gleichgültigkeit: der Gleichgültigkeit des Schöpfers gegenüber der eigenen Schöpfung
und speziell gegenüber dem von ihm geschaffenen
Menschen. Nichts aber würde den Menschen tiefer
erniedrigen als dies, Gott gleichgültig zu sein.

Daß Gott sich unserem gelebten Leben richtend
noch einmal zuwenden wird – das zeigt, daß wir ihm
nicht gleichgültig sind. Schon das bloße Faktum solcher richtenden Zuwendung ist ein Akt göttlichen
Erbarmens. Und eben deshalb ist das jüngste Gericht
eine dem Menschen und der Menschheit widerfahrende Auszeichnung. Dadurch, daß der Mensch von
Gott beurteilt wird, wird er als Person ernst genommen. Dadurch, daß die Weltgeschichte als ganze von
Gott beurteilt wird, wird sie in ihrer Dignität ernst
genommen. Der Mensch wird also des Gerichtes
Gottes gewürdigt. Er wird zum Gericht erhöht.

Es versteht sich, daß von dieser Prämisse aus der
Hinweis auf das jüngste Gericht zwar zur christlichen

Paränese gehören kann und muß, nicht aber zum Mittel einer das Evangelium von der Rechtfertigung des Gottlosen problematisierenden Drohung werden darf. Die Erwartung des jüngsten Gerichtes hat nicht die Funktion, Angst zu machen. Das wäre pfäffisch. Es kommt vielmehr alles darauf an, daß das jüngste Gericht nicht als ein dunkle Schatten in die Gegenwart werfendes Ereignis beschworen wird, sondern daß es als ein Licht verheißendes Ereignis verkündigt und erwartet wird. Es soll ja zu Tage bringen, was geschehen ist. Sein Licht wird Klarheit bringen über alles, was wir in dieser Welt getan und unterlassen haben. Und diese Klarheit wird nicht durch ein unbarmherzig leuchtendes Licht erzeugt werden, sondern es wird das das Licht der Gnade (lumen gratiae) universal in Kraft setzende (und nur insofern auch überbietende) Licht der Herrlichkeit (lumen gloriae), es wird das Licht des Evangeliums sein, das alles durchleuchten und aufklären wird. Sage niemand, daß damit der Ernst des Gerichtes verharmlost würde! Es gibt keine strengere Aufklärung unseres gelebten Lebens als die durch das Licht des Evangeliums bewirkte Aufklärung. Es gibt kein strengeres Gericht als das durch die Gnade bewirkte und also alles an der Gnade messende Gericht.

2. Nach dieser grundsätzlichen Klärung des evangelischen Charakters der Erwartung des jüngsten Gerichtes gilt es nun weiter zu fragen nach dem, was in diesem Gericht geschieht. Was macht den Gerichtscharakter des jüngsten Gerichtes aus?

Sicherlich dies, daß Jesus Christus der in diesem Gericht richtende Richter ist. Man muß das eigens noch einmal herausstellen, weil es nach unserer an der weltlichen Rechtsprechung orientierten Auffassung von einem gerechten Gericht ja gerade darauf ankommt, daß es im Prinzip gleichgültig sein muß, wer der Richter ist. Wir erwarten zumindest im Prinzip, daß die Rechtsprechung unabhängig von der Person des Richters ist. Das Insistieren auf einen bestimmten Richter würde die Gerechtigkeit eines weltlichen Gerichtes gerade in Frage stellen. Das hängt wohl vor allem damit zusammen, daß der weltliche Richter Menschen, gegen die Anklage erhoben wurde, freisprechen oder verurteilen muß und daß er dabei seinerseits ohne Ansehen der Person urteilen muß. Weil er die Personen allein aufgrund ihrer Taten und also ohne Ansehen der Person beurteilen und dann verurteilen oder freisprechen muß, deshalb soll das Amt des Richters von der Person des Richters unabhängig sein. Die mit verbundenen Augen richtende Iustitia steht als Symbol für beides gut: sie sieht nicht die Person an, die es zu beurteilen gilt; und sie ist selber, insofern ihr der für das persönliche Gegenüber kennzeichnende Augen-Blick fehlt, nicht eigentlich Person, sondern vielmehr nur Amtsperson. Und Amtspersonen haben bekanntlich kein Gesicht.

Der am Tag des Herrn als Richter erscheinende Christus ist jedoch so gerade nicht vorstellbar: als ein mit verbundenen Augen Recht sprechender Richter. Sein Richteramt hat denn auch – und darin sollte er

Urbild und Vorbild aller irdischen Richter sein – nicht primär die Funktion, Menschen, gegen die Anklage erhoben wurde, freizusprechen oder zu verurteilen, sondern sein Richteramt hat primär die Funktion, für den shalom, für die Friedens- und Rechtsordnung zu sorgen, die ein gelingendes Zusammensein aller Rechtspersonen ermöglicht. »Grundlegend und entscheidend ist der Richter ... – und das muß, wenn wir vom göttlichen Richter reden, von Anfang an im Auge behalten werden – der Mann, der für Ordnung und Frieden sorgt, indem er das Recht schützt und das Unrecht abwehrt, so daß seine Existenz, sein Kommen und Werk an sich und als solches keine Sache zum Erschrecken sein müßte, sondern eine Wohltat, die Existenz eines Heilbringers bedeuten dürfte.«[8] Als solcher hat er dann notwendigerweise auch die Funktion einer über Menschen urteilenden, freisprechenden oder verurteilenden letzten Instanz. Aber er urteilt nicht mit verbundenen Augen. Er urteilt sehenden Auges. Er sieht, was geschehen ist. Er sieht aber auch, wer gehandelt hat. Und weil er in einem ganz präzisen Sinne die Person ansieht, sieht er, daß in dieser Welt nicht nur Menschen gehandelt haben, sondern daß in dieser Welt auch Gott am Werke war. Was in dieser Welt geschehen ist, das sind also nicht nur menschliche Taten und Untaten, sondern das sind auch die großen Taten Gottes, die dem Frieden eines gelingenden Zusammenseins sowohl von Gott und Mensch als auch

---

[8] *K. Barth*, KD IV/1, 238.

von Mensch und Mitmensch, ja auch der Menschheit mit aller Kreatur dienen sollen. Und wenn der Richter nun zuerst und vor allem darin Richter ist, daß er, indem er Recht setzt, für die Friedensordnung sorgt, wenn er kraft seines richterlichen Amtes den – Sein als gelingendes Zusammensein garantierenden – shalom aufrichten soll, dann ist es entscheidend, ob das richterliche Amt von einer Person ausgefüllt werden kann, die dies auch vermag. Indem die christliche Gemeinde Jesus Christus als Richter erwartet, bringt sie zum Ausdruck, daß es diese das richterliche Amt ausfüllende Person wirklich gibt. In Jesus Christus kennt sie ja Gott selbst als diejenige Person, die dadurch Recht aufrichtet, daß sie Unrecht erleidet und eben dadurch, daß sie es erleidet, dieses Unrecht aus der Welt schafft und eben dadurch Frieden schafft. In Jesus Christus kennt die Kirche deshalb den Frieden in Person: er ist unser Friede (Eph 2,14). Weil der eschatologische Richter den eschatologischen Frieden aufrichten soll, deshalb kann die Gemeinde gar keinen anderen als Richter erwarten als den, der der Friede in Person ist. Was immer sonst noch den Gerichtscharakter des jüngsten Tages ausmachen mag, grundlegend und entscheidend ist, daß an diesem Tag die eschatologische Rechtsordnung des Friedens aufgerichtet wird, die in der Person Jesu Christi bereits verwirklicht ist. Das ist die eigentliche Bedeutung der Lehre vom jüngsten Gericht.

3. Fragen wir von dieser grundlegenden Einsicht aus nun weiter, was im besonderen den Gerichtscharakter des jüngsten Gerichtes ausmacht, so stellt sich eine Reihe von Antworten ein, die alle darin übereinstimmen, daß sie nichts anderes als Explikationen jener grundlegenden Einsicht sind: er – kein anderer als Jesus Christus – kommt zum Weltgerichte.

Ist Jesus Christus der Richter des letzten Gerichtes, dann heißt das im besonderen vor allem dies, daß damit unser menschliches Richten für immer ein Ende hat. Ein sehr weittragender Gesichtspunkt! Daß der Mensch sich das Richteramt angemaßt hat, das ist nach Gen 3,5 ja der harte Kern seiner Sünde, seiner bösen Begierde, wie Gott sein zu wollen. Und das ist der Fluch, den diese Sünde nach sich zog, daß der Mensch fortan richten muß, daß er nicht mehr Mensch sein kann, ohne richten zu müssen. Unsere vorläufige Friedensordnung, unsere so durch und durch problematische irdische Friedensordnung würde sofort zusammenbrechen, wenn auf Erden nicht Menschen über Menschen richten würden. Am jüngsten Tag aber wird der Mensch von diesem Fluch, sein eigener und seiner Mitmenschen Richter sein zu müssen, erlöst. Das jüngste Gericht ist die Erlösung des Menschen vom usurpierten Richteramt.

Das bedeutet näherhin, daß sowohl das Richten-Wollen – und Richten-Müssen – über Andere als auch das Richten über sich selbst ein Ende hat, das als solches bereits ein gutes Ende ist. Es tut dem Menschen gut, nicht mehr richten zu müssen: weder andere noch sich selbst. In der Gewißheit dieses guten Endes kann Paulus sogar schon in seinem irdischen Leben behaupten: »mir ist es ein höchst Geringes, von Euch, von irgendeinem menschlichen Gerichtstag gerichtet zu werden. Ich richte aber auch nicht über mich selbst … Der mich richtet, ist der Herr« (1Kor 4,3f.). Im Blick auf diesen Richter kann der Apostel voller Gewißheit fragen: »Wer ist da, der verurteilt? Christus Jesus ist da, der gestorben, mehr noch, der auferstanden ist und der zur Rechten Gottes sitzt« (Röm 8,34).

4. Ist Jesus Christus der Richter im letzten Gericht, dann heißt das weiterhin im besonderen, daß es zur universalen und unmittelbaren Offenbarung und Aufklärung dessen kommt, was ein jeder Mensch und was die Menschheit aus sich selbst und aus der den Menschen gemeinsam anvertrauten Welt – ihnen nicht nur als Lebensraum, sondern auch und vor allem als Ort der Begegnung von Gott und Mensch anvertrauten Welt! – gemacht haben. Doch dies so, daß das, was wir aus uns und aus unserer Welt gemacht haben, im Lichte dessen offenbar wird, was Gott für uns getan hat, so daß alles, was von uns getan worden ist, von dem her erhellt und beleuchtet wird, was von uns hätte getan werden sollen. Denn wenn Jesus Christus unsere Taten im Lichte der Taten Gottes offenbar werden läßt, dann werden sie auf jeden Fall auch im Lichte seines Anspruchs, im Lichte seines Gebotes offenbar. Der Richter des jüngsten Gerichts stellt und

beantwortet die quaestio facti und die quaestio iuris. Und er offenbart eben damit die himmelschreiende Diskrepanz zwischen dem, was hätte getan werden sollen, und dem, was de facto getan worden ist. Er offenbart unsere Schuld.

Er stellt und beantwortet jene beiden quaestiones nun aber eben so, daß er sich als den an unserer Stelle gerichteten Richter universal und unmittelbar offenbart. Das jüngste Gericht stellt klar, daß zur quaestio facti auch das Kreuz Jesu Christi gehört und daß die quaestio iuris, die Frage nach der Beurteilung unserer Schuld nicht beantwortet werden kann, ohne auf die den Sünder rechtfertigende Kraft des Kreuzes zurückzukommen. Indem er unsere Schuld als seine Sache reklamiert, offenbart er das katastrophale Ausmaß, das ungeheure Gewicht der Sünde. In diesem Richter tritt, gerade indem er sich den Angeklagten als der an ihrer Stelle gerichtete Richter offenbart, unübersehbar ans Licht, quanti ponderis sit peccatum.

Man darf in dieser Hinsicht durchaus an das Kontrastbeispiel jener weltlichen Richter denken, die – sogar im Namen des Rechtes! – Unrecht gesprochen haben und dann, als der Unrechtsstaat sich selber zugrunde gerichtet hatte, ihre Hände in Unschuld wuschen und als Richter fortfuhren zu richten, als wäre durch sie kein Unrecht geschehen. Hätte doch einer von ihnen den Mut gehabt, seine Hände so blutig vorzuzeigen, wie sie waren! Hätten doch einige, statt sich kraft Amtes von dem zu distanzieren, was damals im Namen des Rechts an Unrecht geschehen war, sich offen und ehrlich mit dem identifiziert, was damals an Unrecht geschehen war! Und hätten sie doch gar erklärt, daß vieles nur geschehen konnte, weil sie im Namen des Rechts Unrecht gesetzt und sanktioniert haben. Nun, sie haben das notorisch nicht getan. Sie werden als Beispiele für den selbstgerechten Richter in die Weltgeschichte eingehen und als solche vor dem Richtstuhl Christi ihrer selbst ansichtig werden. Er aber wird sich nicht nur von jenen selbstgerechten weltlichen Richtern, sondern von allen schuldig gewordenen Menschen eben darin präzis und konkret unterscheiden, daß er sich von ihnen nicht unterscheiden lassen will. Er wird seine Hände nicht in Unschuld waschen und gerade darin, daß er dies nicht tut, von Pilatus und allen in der Pilatus-Nachfolge Handelnden präzis und konkret unterschieden sein. »Er hebt sich damit von« der schuldig gewordenen Menschheit »ab, er tritt ihr damit entgegen, er richtet, er verurteilt sie damit, daß er es auf sich nimmt, ... sich der Anklage und dem Urteil, das uns in dieser Sache treffen muß, zu stellen ... Er kann die Sache Gottes gegen uns auch so führen, daß er uns unsere üble Sache entreißt, um sich selber, an unsere Stelle tretend, mit ihr zu kompromittieren und zu belasten.«[9]

Keine Rede, daß damit die Sünde verharmlost und die menschliche Schuld bagatellisiert würde! Zwar ist sie nun ganz und gar und allein seine und also Gottes Sache. Aber eben damit, daß sie Gottes Sache wird,

[9] *K. Barth*, KD IV/1, 259.

daß seine Heiligkeit mit unserer Unheiligkeit belastet wird, wird sie als der krasseste Gegensatz zu dem offenbar, was sein sollte, was auf Erden hätte geschehen sollen. So erweist sie sich als maxima culpa. Indem Jesus Christus – mit Martin Luther zu reden[10] – die Rolle (persona) der Sünder nicht nur »spielt«, sondern sich zueigen macht, indem er existiert als »omnium maximus latro, homicida, adulter, fur, sacrilegus, blasphemus etc., quo nullus maior unquam in mundo fuerit: der von allen größte Räuber, Mörder, Ehebrecher, Dieb, Tempelschänder, Gotteslästerer etc., der durch keinen Verbrecher in der Welt je übertroffen wird«, stellt er der Menschheit unüberbietbar klar vor Augen, was ein jeder von uns aus sich selbst gemacht hat. Sünde und Schuld werden also nicht verharmlost, nicht vertuscht, nicht mit dem Mantel der Liebe zugedeckt – jedenfalls nicht vor den Augen des Schuldigen. Sünde und Schuld müssen offenbar werden, damit sie für immer erledigt werden und als erledigt gelten können. Sonst käme es zu einer ewigen Verdrängung der Schuld. An der Person Jesu Christi wird unsere Sünde und Schuld mit unüberbietbarer Klarheit offenbar. So vollzieht er das jüngste Gericht: nämlich als Ereignis unmittelbarer und universaler Offenbarung. Wir können auch sagen: als Ereignis unmittelbarer und universaler Aufklärung – Aufklärung dessen nämlich, was der Mensch und die Menschheit aus sich gemacht hat und was Gott in

---

[10] M. *Luther,* In epistolam Pauli ad Galatas Commentarius. 1535, WA 40/I, 433,26-28.

Jesus Christus für den Menschen und die Menschheit getan hat.

So – das heißt also, daß an Jesus Christus die wohlverdiente Schande eines jeden Menschen offenbar werden wird. Der Richter des jüngsten Gerichtes ist gerade darin barmherzig, daß er streng ist und die Dinge beim Namen nennt. Es wäre unbarmherzig, wenn er weniger streng wäre. Denn dann blieben auch die vielen Wunden, die keine Zeit zu heilen vermag, unentdeckt und deshalb auch ewig unheilbar. Sie würden sich in alle Ewigkeit weiterfressen. Das jüngste Gericht hingegen legt die Traumata frei und führt mit den Opfern auch die Täter, gerade indem es ihre wohlverdiente Schande offenbart, der Heilung entgegen. Das jüngste Gericht ist das therapeutische Ereignis schlechthin.

5. Wir pointieren denselben Sachverhalt noch einmal anders, wenn wir die im jüngsten Gericht sich vollziehende Vollendung der Rechtfertigung des Sünders als des Menschen Erlösung zur Sprache bringen.

Wir wollen und dürfen dies aber nicht tun, ohne einem Zwischenruf Gehör zu verschaffen, den die bisherigen Ausführungen wohl auszulösen vermögen. Wir haben ja bisher das jüngste Gericht ausschließlich so beschrieben, als ob dort alles, was der Mensch, sei es als Individuum, sei es als Kollektiv, im Laufe der eigenen Lebensgeschichte und im Laufe der Weltgeschichte getan hat, verfehlt sei, als ob alle unsere Taten Untaten seien. Ein ordentliches Gericht hat aber nicht nur ans Licht zu bringen, was gegen, sondern ebenso, was für den Angeklagten spricht. Hat das jüngste Gericht – so der hier laut werdende Zwischenruf – an der Weltgeschichte und an der Lebensgeschichte eines jeden Menschen nichts Lobenswertes zu konstatieren? Gibt es da nur wohlverdiente Schande?

Die Frage hat ihr Recht. Der Zwischenruf ist am Platz. Zwar gilt – und das hat unsere bisherigen Überlegungen bestimmt –, daß die über die eigene Existenz entscheidende und also das ganze Leben qualifizierende Lebenstat, insofern sie eine Gott mißtrauende Lebenslüge ist, Sünde genannt zu werden verdient! Und insofern gilt das paulinische Urteil: »da ist kein Gerechter, auch nicht einer« (Röm 3,10). Es gilt auch im jüngsten Gericht. Doch nun fordert ja derselbe Apostel die Glaubenden dazu auf, ihren Glauben in der Liebe werktätig werden zu lassen (Gal 5,6). »Wenn wir im Geiste leben, so laßt uns auch im Geiste wandeln« (Gal 5,25). »Einer trage des anderen Last, so werdet ihr das Gesetz Christi erfüllen« (Gal 6,2; vgl. Röm 13,8-10). Der Apostel rechnet also damit, daß die Glaubenden »sponte« und »mit Lust« – wie Luther es ausdrückt[11] – gute Werke tun. Und die vielen guten Werke, die im Laufe der Weltgeschichte doch zweifellos getan worden sind – und zwar keineswegs nur oder auch nur primär von Christen – müssen in einem gerechten Gericht doch auch ans Licht gebracht werden! So der Zwischenruf.

---

[11] *M. Luther*, Von der Freiheit eines Christenmenschen. 1520, WA 7, 34,32 bzw. 64,36.

Er hat, wie gesagt, sein Recht. Und wir haben dieses Recht nicht zu schmälern, sondern zur Geltung zu bringen, wenn wir uns Rechenschaft geben über die Erwartung eines jüngsten Gerichts, an dem Jesus Christus der Richter sein wird. Es ist in dieser Hinsicht an ein Doppeltes zu erinnern. Einerseits muß zwar unerbittlich festgehalten weden, daß alles, was ohne Glauben, ohne Gottvertrauen, ohne Ja zu diesem in der Person Jesu Christi auf den Plan tretenden Richter geschieht, kein vor Gott gut getanes Werk ist. Was ohne Glauben geschieht, ist Sünde. Andererseits aber ist angesichts der Tatsache, daß eben diese Sünde aufgrund des unschuldigen Leidens und Sterbens Jesu Christi von uns genommen ist, jedes gewissenhaft getane Werk eine gute Tat, ein gutes Werk, das als solches festgestellt und gelobt zu werden verdient. Das negative Vorzeichen, das die Sünde des Unglaubens vor die alle unsere Taten integrierende Klammer gesetzt hat, ist durch seinen Tod gelöscht. Und insofern kann das jüngste Gericht mit ganz anderer Eindeutigkeit, als es unserem Urteil möglich ist, das, was wirklich gut getan ist, als gutes Werk loben. Der Richter, vor dem alle unsere Taten offenbar werden müssen, erkennt unsere guten Werke an.

Er erkennt aber nicht an, daß diese guten Werke unsere Person konstituieren. Von dem Zwang, uns selbst durch gute Taten zu verwirklichen und also unser Personsein durch unsere Werke zu konstituieren, werden wir durch diesen Richter vielmehr erlöst. Ist das jüngste Gericht die Vollendung der Rechtfertigung des Gottlosen, dann ist sie die Erlösung des Menschen von dem Zwang zur Selbstverwirklichung und Selbstrechtfertigung. Der Mensch muß sich in diesem Gericht nicht mehr selbst rechtfertigen. Er muß sich auch nicht mehr selbst verurteilen. Er wird gerade, indem Jesus Christus ihn richtet, von der Sünde der Selbstrechtfertigung und von der Sünde der Selbstverurteilung befreit. Als Sünder ist er unfrei. Als von Jesus Christus Gerichteter hört er auf, seinem unfreien Willen folgen zu müssen. Gerade im jüngsten Gericht erfährt er sich nicht nur als der von seiner Sünde Freigesprochene, sondern nun als auch von der Sünde des Rückfalls in die Sünde Erlöster. Das *simul iustus et peccator* hat dann ein Ende – wie ja auch das Luthertum (und nicht nur es!) dann ganz gewiß sein Ende finden wird.

Unsere Erlösung ist dann aber auch wirklich unsere Freiheit. Der Richter hat ja, wie wir sahen, primär die Funktion, eine Friedensordnung aufzurichten. Der eschatologische Richter richtet diese Friedensordnung durch das Recht auf, das Gottes Gnade ins Recht setzt und damit den Sünder frei spricht. Dessen Freiheit aber besteht in dieser Situation des Gerichts konkret in der dann ihm uneingeschränkt eingeräumten Möglichkeit, das Urteil Gottes, also den Freispruch anzunehmen, ihm zu glauben. »Ich nehme das Urteil Gottes an« – das zu sagen ist der Gerichtete dann ganz und gar frei. Er ist damit allerdings auch frei, Gottes Urteil zu verwerfen. Als vom Zwang zur Sünde Erlöster ist der Mensch von seinem servum arbitrium, von der Gefangenschaft seines Willens für immer befreit und also wirklich frei, dem Urteil des barmherzigen, aber gerade in seiner Barmherzigkeit gerechten Richters zu glauben oder nicht zu glauben und dementsprechend mit der ihm zugesprochenen unverdienten Ehre und Herrlichkeit Jesu Christi ewig zu leben oder mit seiner eigenen wohlverdienten Schande, die dann an demselben Christus unübersehbar offenbar geworden sein wird, für immer zu vergehen. Welch' eine Freiheit! Zum ersten Mal wird es dann im Vollsinn des Wortes und ohne jede Einschränkung Entscheidungsfreiheit geben.

Von Entscheidungsfreiheit im Vollsinn des Wortes muß man deshalb reden, weil die von dem eschatologischen Richter aufgerichtete Friedensordnung den Menschen in eine schlechterdings zwanglose Situation versetzt. Der den Sünder charakterisierende Zwang zum Drang in die Beziehungs- und Verhältnislosigkeit ist in der Situation des jüngsten Gerichtes in jeder Hinsicht aufgehoben. Als zu uneingeschränkter Selbsterkenntnis Befähigter ist der Sünder zu seiner Sünde und allen ihren Folgen in eine befreiende Distanz gesetzt. Und damit ist ihm nun auch die Sünde als eine zum Vergehen verurteilte Macht, als der hoffnungslose Fall uneingeschränkt erkennbar. Nichts hält ihn nunmehr noch davon ab, seine eigene Rechtfertigung zu bejahen und sich eben dadurch für immer von seiner Sünde zu distanzieren. Sie wird ja in diesem Gericht kraft der irresistiblen Aufklärung des Tages, an dem Jesus Christus im Lichte des eigenen

Seins erscheint, als die uns abgenommene, als die von Jesus Christus übernommene Schuld erkennbar. Wer sich in einer solchen von allem Zwang befreiten Situation dennoch mit seinen eigenen Sünden aufs neue identifizieren würde, also diese Sünden noch einmal begehen und in den Zwangszusammenhang des peccatum originale zurückversetzt sein wollte, der würde sich selber wissentlich und willentlich zum trostlosen Fall, zum hoffnungslosen Fall machen. Er würde sich auf keinen Fall des Todes Jesu Christi getrösten wollen. Er würde, was in Dantes Inferno den dort Eintretenden unerbittlich zugerufen wird, sich selber zum Wahlspruch machen: »laßt ... alle Hoffnung fahren!«[12]

Insofern führt schon die Erwartung des jüngsten Gerichts den Glaubenden die Sünde als die von uns selbst verschuldete Trostlosigkeit und Hoffnungslosigkeit vor Augen. Nicht die moralisch verwerflichen Taten machen das Wesen der Sünde aus. Sie gehören dazu »wie der Zimt zur Speise«. Das Wesen der Sünde ist des Menschen selbstverschuldete Trostlosigkeit und Hoffnungslosigkeit, die, statt sich von Gott selbst trösten zu lassen und auf ihn allein alle Hoffnung zu setzen, den Menschen abstrakt auf sich selbst und nur auf sich selbst bezieht. Genau dies angesichts der Rechtfertigung des Sünders wissentlich und willentlich noch einmal zu tun und damit definitiv sich zum Sünder machen zu wollen – dazu wird der Sünder im jüngsten Gericht eben dadurch in die Lage versetzt,

---

[12] *Dante Alighieri*, La Divina Commedia. Inferno III, 9: »Lasciate ogni speranza, voi ch'entrate: Laßt, die Ihr eingeht, alle Hoffnung fahren!«

daß er endgültig, definitiv freigesprochen wird. Der Mensch kann sich dann in der Tat für die eigentlich unmögliche Möglichkeit entscheiden. Er wählt damit sein Verderben. Er hat dann offensichtlich Lust am eigenen Verderben.

IV. Hoffnung für den hoffnungslosen Fall

Besteht trotzdem auch für diesen sich selbst wissentlich und willentlich zum trostlosen und hoffnungslosen Fall machenden Menschen Hoffnung? Die Frage wird derjenige stellen, der sich zwar einen solchen Menschen, nicht aber einen solchen Gott denken kann, der den erlösten Menschen – und das jüngste Gericht ist ja aller Menschen Erlösung – nun doch eben de facto auch dazu erlösen würde, seinen eigenen Ruin zu wollen. Gesetzt also, es gäbe einen Menschen, der diese eigentlich unmögliche Möglichkeit auch dann noch will, wenn sie als solche universal und unmittelbar offenbar geworden ist, müßte dann nicht doch immerhin Gott selbst als ein Gott gedacht werden, der diesem sein eigenes Verderben wollenden Menschen vor sich selbst und so vor dem selbst gewählten Verderben bewahrt?

Wer so fragt, fragt nach Gott selbst. Und er wird sich dann mit der Antwort bescheiden – aber auch gern bescheiden –, daß Gott in den Tiefen seines eigenen Seins alles Vergehen in ein neues Werden und jeden Tod zum Leben zu wenden vermag. Hoffnung für den hoffnungslosen Fall besteht dann darin, aber auch allein darin – doch haben wir eine andere Hoffnung als diese? –, daß Gott selbst die Einheit von Leben und Tod zugunsten des Lebens und in eben dieser Einheit vollkommene Liebe ist.

Man verharmlost mit einer solchen Erwägung keineswegs den Ernst des göttlichen Gerichtes. Man verharmlost vielmehr den Ernst der göttlichen Liebe, wenn man definitiv ausschließt, daß Gottes Gnade auch in der Hölle noch unserem selbstgewählten Verderben zuvorkommt. An Jesus Christus glauben heißt ernst nehmen, daß er uns auch am Ende noch einmal zuvorkommt. In diesem Richter erwartet uns Gottes Gnade in Person.

Wer dahin, wer zu ihm unterwegs ist, der entdeckt dann allerdings schon in unserer gegenwärtigen Welt Gleichnisse des Himmelreiches. Die ein totaliter aliter ausschließende eschatologische Analogie besagt ja nicht nur, daß die Welt, aus der die Gleichnisse für das ewige Leben genommen sind, bei dessen Bestimmung mitzureden hat; sie besagt ja mehr noch, daß die Welt analogiefähig ist, daß sie von dem zur Welt gekommenen Gott analogiefähig gemacht worden ist für das, was uns erwartet, wenn Gott alles in allem sein wird. Wer dahin unterwegs ist, der fängt deshalb schon auf Erden an, wenigstens versuchsweise wie ein Bürger des Reiches Gottes zu leben. Wer dahin unterwegs ist, der kann deshalb mitten in unserem irdischen Leben eine Fülle von ganz und gar weltlichen Gleichnissen für das kommende Reich Gottes entdecken: zum Beispiel in einer überaus irdischen gemeinsamen Mahlzeit – ein Gleichnis des Himmelreichs; in einer ganz und gar weltlichen Polis – ein Gleichnis für das himmlische Politeuma; in einer ganz und gar menschlichen Familie mit Kindern, Vater und Mutter – zumindest dann, wenn sie gemeinsam singen – ein Gleichnis für die Freude Gottes an uns und für unsere Freude an Gott; und in jedem Augen-Blick, in dem sich zwei Personen suchend und findend in die Augen sehen – ein Gleichnis für die Einkehr des Menschen in jenes Leben, in dem sich Mensch und Gott »von Angesicht zu Angesicht« (1Kor 13,12) begegnen werden. Wer Augen hat zu sehen, der sehe! Und nicht zuletzt: in einem freundlichen Wort von Mensch zu Mensch (und vielleicht sogar von Kollege zu Kollege), in einem menschenfreundlichen Wort also ein Gleichnis für die Menschenfreundlichkeit Gottes, der in Ewigkeit nicht aufhören will, mit uns zu reden, um so uns sterblichen Menschen wie schon jetzt dann erst recht teilzugeben an seinem eigenen, ewigreichen Leben und an seinem durch und durch lebendigen Frieden. Wer Ohren hat zu hören, der höre!

Bitte, beachten Sie auch die folgenden Seiten

Heinz Abosch: Flucht ohne Heimkehr
Gerhard Begrich: Gilgamesch. Das Epos
Gerhard Begrich / Jörg Uhle-Wettler: Vergessene Texte
    – Mit den 5 Büchern Mose durch das Kirchenjahr. Assoziationen
    – Mit den Propheten durch das Kirchenjahr. Assoziationen
    – Mit den Psalmen durch das Kirchenjahr. Assoziationen
Michael Benckert: Salomo. Eine Romanbiographie
Michael Benckert: Wie der Duft einer Lotusblüte
    Das Hohelied der Liebe übertragen und erläutert
Peter Bichsel: Möchten Sie Mozart gewesen sein?
Rudolf Bohren: Schnörkelschrift. 92 Geschichten
Helmut Braun: Ich bin fünftausend Jahre jung
    Rose Ausländer. Zu ihrer Biographie
Katharina Coblenz: Katharina Katharina
    Bruchstücke einer Biographie
Mechthild Dehn: Leben. Krebs: Entscheidung, Anruf, Suche
Wilhelm Dehn (Hg.): Ist Mohn ein rotes Wort, ein schwarzes
    Gedichte
Wolfgang Erk (Hg.): Literarische Auslese
    Texte für jeden Tag des Jahres
Wolfgang Erk (Hg.): Für diesen Tag und für alle Tage
    Deines Lebens. Ein Brevier
Wolfgang Erk (Hg.): Für heute und morgen
    Ein immerwährender Kalender
Wolfgang Erk (Hg.): Morgenglanz und Ewigkeit
    100 Texte deutscher Dichtung
Richard Exner: Gedichte 1953-1991
Richard Exner: Ufer. Gedichte 1999 - 2003
Helmut Franz: Diaspora. Der Ort des Christseins in der Welt
    Eine Streitschrift gegen das Bündnis von Macht und Religion
Helmut Franz: Die Geburt Abrahams. Zur Ankunft des Subjekts
    in der Geschichte
Traugott Giesen: Gott liebt Dich und braucht Dich
    366 Worte zum Weiter-Leben
Traugott Giesen: Gott weiß. Zwölf Anregungen für Lebensmut
Traugott Giesen: Hiersein ist herrlich
Traugott Giesen / Hans Jessel: Sylt für die Seele
    45 Texte. 45 Farbfotos
Hannah Green: Ich hab dir nie einen Rosengarten versprochen
    Bericht einer Heilung
Peter Härtling: Für Ottla. Erzählung
Peter Härtling: kommen - gehen - bleiben. Gedichte

Peter Härtling: Das Land, das ich erdachte. Gedichte 1990–1993
Peter Härtling: Vor Bildern. Für Maler. Porträts in Worten
Markus Haupt: Im toten Winkel meiner Zuversicht. Gedichte
Dirk Heinrichs: Fallkraft der Feigheit
Dirk Heinrichs: Den Krieg entehren
    Sind Soldaten potentielle Mörder?
Hartmut von Hentig: Kolumnen
Klaus-Peter Hertzsch: Der ganze Fisch war voll Gesang
Klaus-Peter Hertzsch: Sag meinen Kindern, dass sie weiterziehn
    Erinnerungen
Reinhard Höppner: Wandern über das Wasser
    Begegnungen zwischen Bibel und Politik
Ulrich Holbein: Ungleiche Zwillinge. Doppelporträts
Inge und Walter Jens: Vergangenheit – gegenwärtig
    Biographische Skizzen
Walter Jens: Pathos und Präzision. Texte zur Theologie
Walter Jens: Das A und das O. Die Offenbarung
Walter Jens: Der Römerbrief
Walter Jens: Die vier Evangelien
Walter Jens: Der Teufel lebt nicht mehr, mein Herr!
    Erdachte Monologe - Imaginäre Gespräche
Eberhard Jüngel: Beziehungsreich. Perspektiven des Glaubens
Eberhard Jüngel: … ein bißchen meschugge …
    Predigten und biblische Besinnungen
Eberhard Jüngel: … weil es ein gesprochen Wort war … Predigten 1
Eberhard Jüngel: Geistesgegenwart. Predigten 2
Eberhard Jüngel: Schmecken und Sehen. Predigten 3
Eberhard Jüngel: Unterbrechungen. Predigten 4
    (Predigten 1 - 4 auch zusammen als Paket erhältlich)
Christoph Klimke: Wo das Dunkel dunkel genug. Gedichte
Jo Krummacher / Hendrik Hefermehl: Ratgeber für KDV
Günter Kunert: Texte, die bleiben. Anthologie der Autoren
Reiner Kunze: Die Aura der Wörter. Eine Denkschrift
Gerd Lüdemann / Martina Janßen: Bibel der Häretiker
    Nag Hammadi
Gerd Lüdemann / Alf Özen: Was mit Jesus wirklich geschah
    Die Auferstehung historisch betrachtet
Henning Luther: Religion und Alltag
    Bausteine zu einer Praktischen Theologie
Kurt Marti: Fromme Geschichten
Kurt Marti: geduld und revolte. die gedichte am rand
Kurt Marti: Die gesellige Gottheit. Ein Diskurs
Kurt Marti: gott gerneklein. gedichte
Kurt Marti: Der Heilige Geist ist keine Zimmerlinde

Radius-Verlag · Alexanderstraße 162 · 70180 Stuttgart
Fon 0711.607 66 66   Fax 0711.607 55 55
www.Radius-Verlag.de   e-Mail: radiusverlag@freenet.de